BIBLIOTHÈQUE

DE LA

MAISON DU PEUPLE

SAINT-CLAUDE

CATALOGUE

Prix : francs

BESANÇON
LA SOLIDARITÉ, IMPRIMERIE COOPÉRATIVE OUVRIÈRE
6 et 8, Rue Gambetta, 6 et 8

1928

Bibliothèque de la Maison du Peuple

SAINT-CLAUDE

CATALOGUE

NOTICE

Ce catalogue est établi pour faciliter les recherches des lecteurs.

Périodiquement, des suppléments seront édités pour indiquer les suppressions ou adjonctions de livres.

Catalogue et suppléments sont obligatoires pour TOUS *les lecteurs et vendus par le service de la Bibliothèque.*

A partir de Janvier 1922, *les conditions d'admission à la Bibliothèque sont les suivantes :*

1° *Sont admises à la Bibliothèque toutes les personnes âgées d'au moins* 15 *ans.*

2° *Le prix d'abonnemest est de* 5 FRANCS *par année. L'abonnement part du* 1er *janvier au* 31 *décembre et le prix en est exigible de suite, quelle que soit la date d'inscription.*

3° *Le prêt des livres est gratuit pour tous les membres des Coopératives appartenant à la Fédération des Coopératives locales, sur présentation d'un livret statutaire.*

4° *Il ne peut être délivré que deux livres à la fois à chaque lecteur. Le délai maximum accordé pour le prêt est de* UN MOIS. *Passé ce délai, un rappel sera adressé. Si le rappel est sans résultat, quittance du montant du ou des livres sera présentée.*

5° *Les livres détériorés par les lecteurs devront être payés.*

6° *Le prêt des livres a lieu deux fois par semaine.*

Ces dispositions sont prises dans l'intérêt des lecteurs et pour le bon fonctionnement de la Bibliothèque.

LE CONSEIL D'ADMINISTRATION.

Romans — Littérature — Poésie — Théâtre

N°s d'ordre	AUTEURS	TITRES DES OUVRAGES
6	ABOUT, E.	Maître Pierre.
7	Id.	Les Mariages de Paris.
8	Id.	L'Homme à l'Oreille cassée.
9	Id.	Le Nez d'un Notaire.
12	ABDOULLAH, A.	Le Voleur de Bagdad.
20	ACHARD, Amédée.	Belle-Rose.
25	ACKER, P.	Les Exilés.
26	Id.	Une Aïeule contait...
32	ADAM, P.	La Force.
33	Id.	Le Soleil de Juillet.
34	Id.	Le Culte d'Icare.
35	Id.	La Glèbe.
36	Id.	Le Mystère des Foules (2 vol.).
37	Id.	Le Trust.
50	AICARD, J.	L'Illustre Maurin.
51	Id.	Maurin des Maures.
52	Id.	Miette et Noré.
53	Id.	L'Âme d'un Enfant.
54	Id.	Tata.
55	Id.	Benjamine.
80	AJALBERT, J.	Les deux Justices.
81	Id.	Celles qui passent.
82	Id.	La Forêt Noire.
100	ALANIC, M.	Le Maître du Moulin-Blanc.
115	AMITIÉ AMOUREUSE.	Les Serments ont des Ailes.
131	ANDREIEFF.	Le Joug de la Guerre.
132	Id.	Le Rire Rouge.
150	D'ANNUNZIO, G.	Episcopo et Cie.
151	Id.	La Léda sans Cygne.
152	Id.	L'Enfant de volupté.
153	Id.	Triomphe de la Mort.
154	Id.	Le Feu.
155	Id.	Les Vierges aux Rochers.
156	Id.	Nocturne.
170	ARCOS, René.	Autrui.
171	Id.	La Caserne.
180	ARDEL	La Nuit tombe.
185	ARÈNE, Julien.	En Macédoine.
194	ARNAC, M.	Le Brelan de Joie.
200	ARNOUX, A.	Huon de Bordeaux.
210	AUBERT, Octave.	Les Sous-Préfets de Villoiseau.
215	AUDIBERT, M.	Pilleraud.
220	AUDOUX, M.	Marie-Claire.

N^os d'ordre	AUTEURS	TITRES DES OUVRAGES
240	Aurel et Han Ryner	Le Charme d'être deux.
250	Bachelin, H.	La Guerre sur le Hameau.
251	Id.	Le Péché de la Vierge.
252	Id.	L'Eclaircie.
260	Baillon, André.	Chalet 1.
261	Id.	Un Homme si simple !
262	Id.	Histoire d'une Marie.
267	Bailly, Auguste.	La Carcasse et le Tord-Cou.
268	Id.	Naples au Baiser de feu.
269	Bailly, Albert.	La Femme libre.
270	Id.	Id.
280	Balzac (H. de).	Une Ténébreuse Affaire.
281	Id.	La Cousine Bette (T. I).
282	Id.	Id. (T. II).
283	Id.	Grandeur et Décadence de César Birotteau.
284	Id.	Grandeur et Misère des Courtisanes (2 vol.).
285	Id.	La Rabouilleuse.
286	Id.	La Femme de trente ans.
287	Id.	Les Paysans.
288	Id.	Le Cousin Pons.
289	Id.	Eugénie Grandet.
290	Id.	La Recherche de l'absolu.
291	Id.	Le Lys dans la Vallée.
292	Id.	Le Père Goriot.
297	Barbey d'Aurevilly,	Le Chevalier des Touches.
298	Id.	Les Diaboliques.
306	Barbusse, H.	L'Enfer.
307	Id.	Nous autres.
308	Id.	Le Feu (Journal d'une escouade).
309	Id.	Les Enchaînements (2 vol.).
310	Id.	Les Bourreaux.
311	Id.	Jésus.
312	Id.	Les Judas de Jésus.
313	Id.	Force.
320	Barklay.	La Châtelaine de Shenstone.
321	Id.	Le Rosaire.
326	Baroja, P.	Zalacaïn l'Aventurier.
330	Barrès, M.	Un Jardin sur l'Oronte.
331	Id.	Le Jardin de Bérénice.
335	Barrière, Marcel.	Saint-Ange d'A*.
338	Barrucand, V.	Avec le Feu.
339	Id.	Le Chariot de terre cuite.
345	Bazin, René.	La Barrière.
346	Id.	Les Oberlé.
347	Id.	La Terre qui meurt.
348	Id.	Le Blé qui lève.

N°° d'ordre	AUTEURS	TITRES DES OUVRAGES
349	BAZIN, René.	La Sarcelle bleue.
355	BEAUBOURG, M.	Le Donneur de Flammes.
356	Id.	M. Gretzili.
360	BEAUCLAIR, H.	Tapis vert.
363	BEAUMESNIL, R.	Anatole Prou mutilé.
380	BELTRAMELLI.	Au Seuil de la Vie.
389	BENJAMIN, René.	Le Major Pipe et son Père.
394	BENOIT, Pierre.	L'Atlantide.
395	Id.	La Châtelaine du Liban.
396	Id.	Kœnigsmark.
397	Id.	Alberte.
398	Id.	Le Puits de Jacob.
411	BENTZON.	Au-dessus de l'Abîme.
420	BÉRAUD, H.	Le Vitriol de Lune.
421	Id.	Le Martyre de l'Obèse.
422	Id.	Au Capucin Gourmand.
423	Id.	Lazare.
424	Id.	Le Bois du Templier pendu.
425	Id.	La Croisade des Longues Figures.
426	Id.	Mon Ami Robespierre.
440	BERNARD, Tristan.	Le Fardeau de la Liberté.
441	Id.	Amants et Voleurs.
458	BERTHEROY, Jean.	Le Colosse de Rhodes.
463	BERTRAND, Louis.	Cardénio.
464	Id.	Pépète le Bien-Aimé.
470	BERTRAND, A.	L'orage sur le Jardin de Candide.
473	BESLIÈRE, J.	Franzili.
477	BESNERAY (Marie de).	Vie brisée.
478	Id.	Les Mirages du Bonheur.
480	BETTAUER, H.	La Rue sans Joie.
483	BEUCLER, A.	Gueules d'Amour.
484	BEUCLER, A.	La Ville Anonyme.
502	BINET-SAUGÉ (Dr).	Le Haras Humain, 1918.
504	BILLOTEY, P.	Le Miroir aux Alouettes.
505	BIBESCO (Princesse).	Catherine Paris.
506	BJARNE, Ivan.	Maison de Joie.
510	BJONSTERNE-BJORSON.	Les Ames en peine.
511	Id.	Au-dessus des Forces humaines (Drame).
523	BLASCO-IBANEZ, V.	La Cité des Futailles (La Bodega).
524	Id.	Contes Espagnols d'Amour et de Mort.
525	Id.	Les Morts commandent.
526	Id.	La Tragédie sur le Lac.
527	Id.	Les quatre Cavaliers de l'Apocalypse.
535	BLOCH, J.-R.	... et Compagnie.
536	Id.	La Nuit Kurde.
542	BLOY, Léon.	La Femme pauvre.

N°s d'ordre	AUTEURS	TITRES DES OUVRAGES
543	Bloy, Léon.	Le Désespéré.
544	Id.	Histoires désobligeantes.
555	Bodève.	Celles qui travaillent.
556	Bodève, Simone.	Clo.
565	Boileau.	Œuvres Poétiques.
573	Boisgobey (F. du).	Le Chalet des Pervenches.
582	Bojer, J.	Sous le Ciel vide.
583	Id.	Le dernier Viking.
584	Id.	La Puissance du Mensonge.
585	Id.	Les Nuits claires.
586	Id.	Maternité.
598	Bonardi, Pierre.	Le Visage de la Brousse.
599	Id.	La Mer et le Maquis.
605	Bonnamour, G.	Représailles.
610	Boneff, M.	Didier, homme du Peuple.
611	Boneff, L. et M.	La Vie tragique des Travailleurs.
616	Bordeaux, H.	La petite Mademoiselle.
617	Id.	La Peur de vivre.
618	Id.	La Maison morte.
619	Id.	La Robe de laine.
620	Id.	La Croisée des Chemins.
621	Id.	Les Yeux qui s'ouvrent.
630	Bouchardon, P.	L'Auberge de Peyrebeille. Le Rouge et le Noir.
635	Bouchor, M.	Le Faust moderne (Poésies).
639	Id.	Trois Mystères.
640	Id.	La Vie profonde.
646	Boulenger, J.	Le St. Graal.
647	Id.	Histoire de Merlin Enchanteur.
648	Id.	Le Chevalier à la Charrette.
649	Id.	Les Amours de Lancelot du Lac Gatehaut.
656	Bounine, I.	Le Village.
657	Id.	Le Monsieur de San-Francisco.
660	Bourcier, E.	La Rouille.
665	Bourges, E.	Les Oiseaux s'envolent.
666	Id.	Sous la Hache.
672	Bourget, P.	Le Sens de la Mort.
673	Id.	Cosmopolis.
674	Id.	Id.
675	Id.	Un Homme d'Affaires, etc...
676	Id.	Lazarine.
677	Id.	Un Crime d'Amour.
678	Id.	Le Démon du Midi.
679	Id.	Id.
680	Id.	Drames de Famille.
681	Id.	Le Disciple.
698	Bove, Emmanuel.	Mes Amis.

N°s d'ordre	AUTEURS	TITRES DES OUVRAGES
699	Bove, Emmanuel.	Armand.
705	Boylesve, René.	La jeune Fille bien élevée.
706	Id.	Tu n'es plus rien.
707	Id.	La Leçon d'Amour dans un Parc.
708	Id.	Alcindor (*suite de* La Leçon d'Amour dans un Parc).
709	Id.	Les nouvelles Leçons d'Amour dans un Parc.
710	Id.	Madeleine, jeune Femme.
711	Id.	Mlle Cloque.
712	Id.	Souvenir du Jardin détruit.
713	Id.	Le Parfum des Iles Borromées.
714	Id.	Je vous ai désirée un soir.
724	Brenn.	Ives Madec; Professeur de Collège.
725	Id.	Les Rebelles.
730	Brousson, J.-J.	Anatole France en pantoufles.
735	Brulat, P.	La Gangue.
736	Id.	La Faiseuse de Gloire.
740	Buchan, John.	Le Prophète au Manteau vert.
762	Cahiers du Mois.	Cinéma.
772	Calderon.	La Vengeance de Condor.
795	Carco, Francis.	Rien qu'une Femme.
796	Id.	L'Homme traqué.
797	Id.	Jésus-la-Caille.
798	Id.	Les Malheurs de Fernande.
799	Id.	Maman Petitdoigt.
800	Id.	Au Coin des Rues.
801	Id.	Perversité.
802	Id.	Verotchka l'Etrangère.
803	Id.	Les Innocents.
804	Id.	De Montmartre au Quartier Latin.
805	Id.	Le Roman de François Villon.
825	Carlyle.	Cathédrales d'autrefois et Usines d'aujourd'hui.
826	Id.	Pamphlets du dernier Jour.
827	Id.	Essais choisis de Critique et de Morale.
828	Id.	Lettres de Thomas Carlyle.
829	Id.	Nouveaux Essais choisis de Critique et de Morale.
830	Id.	Sartor Resartus.
835	Carré, J.-M.	La Vie aventureuse de J.-A. Rimbaud.
837	Carnett, D.	Un Homme du Zoo.
840	Casella, G.	Les deux Routes.
842	Casson, J.	Les Harmonies Viennoises.
845	Cavaignac.	Le Silène.
865	Champsaur, F.	La Caravane en folie.
867	Id.	Ouha, Roi des Singes.
868	Id.	L'Arriviste (3 vol.).

N°s d'ordre	AUTEURS	TITRES DES OUVRAGES
873	CHANTAL (M.-J. de).	Par-delà les Yeux (poèmes).
875	CHANTREL.	Les trois Eléonores.
885	CHARLES-GASTON, R.	M. Charmeret en Italie.
895	CHATEAUBRIANT, A.	La Brière.
896	Id.	Monsieur de Lourdines.
903	CHATEAUBRIAND.	Atala-René.
909	CHENNEVIÈRE, J.	L'Ile déserte.
914	CHÉRAU, G.	Champi-Tortu.
915	Id.	La Despélouquéro.
916	Id.	Le Remous.
917	Id.	Le Flambeau des Riffault.
930	CHÈZE, Th.	Myriam de Magdala.
945	CHTICHÉDRINE.	Les Messieurs Golovleff.
955	CLAR, Fanny.	Les Mains enchantées.
960	CLARETIE, J.	Le Prince Zilah.
961	Id.	Récits héroïques.
962	Id.	Ruines et Fantômes.
980	COCTEAU, Jean.	Le Grand Tiart.
981	Id.	Thomas l'Imposteur.
990	COLETTE.	Chéri.
991	Id.	Aventures quotidiennes.
992	Id.	La Fin de Chéri.
993	Id.	Le Blé en Herbe.
994	Id.	La Paix chez les Bêtes.
995	COLETTE-WILLY.	Claudine à l'Ecole.
996	Id.	Claudine s'en va.
997	Id.	Claudine à Paris.
998	Id.	Claudine en Ménage.
999	Id.	La Retraite Sentimentale.
1015	COMPAIN, L.	Vie tragique de Geneviève.
1020	CONAN DOYLE.	Le Monde perdu.
1021	Id.	Nouvelles Aventures de Sherlock Holmès.
1022	Id.	Micâh Clarke (2 vol.).
1023	Id.	Aventures du Brigadier Gérard.
1024	Id.	La Bande mouchetée.
1032	CONRAD, J.	En marge des Marées.
1033	Id.	Typhon.
1034	Id.	Le Nègre du « Narcisse ».
1035	Id.	Nostromo (2 vol.).
1036	Id.	Gaspar Ruiz.
1045	CONSTANTIN-WEYER	Vers l'Ouest.
1046	Id.	Manitoba.
1061	CORDAY, M.	Les Mains propres.
1062	Id.	Les Cœurs dévastés.
1063	Id.	Les Révélées.
1064	Id.	Sésame.
1065	Id.	Mariage de demain.

Nos d'ordre	AUTEURS	TITRES DES OUVRAGES
1066	CORDAY, M.	Les Convenus.
1067	Id.	Anatole France.
1071	COROT, E.	Madame de Sauge.
1075	CORTHIS, A.	La Belle et la Bête.
1090	COULEVAIN.	Sur la Branche.
1100	COURTELINE.	La Conversion d'Alceste.
1101	Id.	Les Linottes.
1102	Id.	Le Train de 8 h. 47.
1103	Id.	Messieurs les Ronds-de-Cuir.
1115	COUSTURIER, Lucie.	Des Inconnus chez moi.
1130	CURNONSKY.	Le Wagon des Fumeurs.
1135	CURWOOD, J.-O.	Les Chasseurs d'Or.
1136	Id.	Kazan.
1137	Id.	Bari, Chien-Loup.
1138	Id.	Le Grizzly.
1139	Id.	Nomades du Nord.
1140	Id.	Le Piège d'Or.
1141	Id.	Les Chasseurs de Loups.
1142	Id.	Le Bout du Fleuve.
1143	Id.	L'Aventure du Capitaine Plum.
1150	CUSTOT, P.	Chichinette et Cie.
1155	CYRIL-BERGER.	Pendant qu'il se bat.
1156	Id.	Les Têtes baissées.
1157	Id.	Cri-Cri.
1158	Id.	Quarante de fièvre.
1162	D'AGONNE.	Pardonner n'est pas oublier.
1165	DAHL, A.	Mon Curé chez Vautel.
1170	DAIRAUX, Max.	Simon et Zozo.
1175	DARIEN, G.	Biribi.
1180	DARIN, M.	La Ville tumultueuse.
1185	DARVAUT, A.	La Vie de Garçon de Luce.
1200	DAUDET, A.	La Belle Nivernaise.
1201	Id.	Tartarin de Tarascon.
1202	Id.	Le Petit Chose.
1203	Id.	Les Femmes d'Artistes.
1204	Id.	Numa Roumestan.
1205	Id.	La Petite Paroisse.
1206	Id.	Tartarin de Tarascon.
1207	Id.	Tartarin sur les Alpes.
1208	Id.	Port Tarascon.
1209	Id.	Contes du Lundi.
1210	Id.	Sapho.
1211	Id.	Jack.
1212	Id.	L'Evangéliste.
1213	Id.	L'Immortel.
1214	Id.	Les Rois en Exil.
1215	Id.	Souvenirs d'un Homme de Lettres.
1216	Id.	Les Rois en Exil.

N°s d'ordre	AUTEURS	TITRES DES OUVRAGES
1217	DAUDET, A.	Lettres de mon Moulin.
1220	DAVID, G.	Ritcourt.
1225	DEBERLY, H.	Les Supplices de Phèdre.
1235	DEKOBRA, M.	La Gondole aux Chimères.
1236	Id.	Mon Cœur au ralenti.
1237	Id.	La Madone des Sleepings.
1238	Id.	Flammes de Velours.
1250	DELTEIL, J.	Sur le Fleuve Amour.
1251	Id.	Cinq Sens.
1252	Id.	Jeanne d'Arc.
1255	DELARUE-MARDRUS.	Le Pain Blanc.
1260	DELON.	Idylles Enfantines.
1261	Id.	Les Paysans.
1266	DEMOLDER, E.	Le Jardinier de la Pompadour.
1271	DEMOULIN, P.	La Belle au Bois Chantant.
1276	DERENNES, Ch.	La Petite Faunesse.
1279	Id.	Mon Gosse.
1280	Id.	Emile et les autres.
1281	Id.	Le Mirage sentimental.
1282	Id.	Les Enfants sages.
1290	DÉRIÈS, Léon.	Le Journal d'une Institutrice.
1295	DEROXE, Myriam.	L'Amour Nomade.
1300	DERYS, G.	Les Moineaux affamés.
1315	DESCAVES, L.	L'Hirondelle sous le Toit.
1316	Id.	La Colonne.
1317	Id.	Les Emmurés.
1318	Id.	Philémon.
1319	Id.	Soupes.
1320	Id.	Rouge Maille vainqueur.
1335	DHORMOYS, P.	Sous les Tropiques.
1340	DICKENS, Ch.	Le Magasin d'Antiquités (1).
1340	Id.	Id. (2).
1341	Id.	Un Ménage de la Mer.
1342	Id.	Contes de Noël.
1343	Id.	Les Temps difficiles.
1345	Id.	David Copperfield (2 tomes).
1346	Id.	La Maison Hantée.
1347	Id.	Historiettes et Récits du Foyer.
1362	DIRASTON-SEYLER.	Irène Grande Première.
1367	DOFF, N.	Jours de Famine et de Détresse.
1368	Id.	Lampine.
1373	DONNAY, M.	Autour du Chat Noir.
1382	DORGELÈS.	Le Cabaret de la Belle Femme.
1383	Id.	Saint Magloire.
1384	Id.	Les Crois de Bois.
1385	Id.	Partir.
1390	DOSTOÏEWSKY.	Humiliés et Offensés.
1391	Id.	L'Idiot (2 tomes).

Nos d'ordre	AUTEURS	TITRES DES OUVRAGES
1392	Dostoïewsky.	Les Frères Karamazov.
1393	Id.	Le Double.
1394	Id.	Les Pauvres Gens.
1395	Id.	Souvenirs de la Maison des Morts.
1396	Id.	L'Eternel Mari.
1397	Id.	Carnet d'un Inconnu.
1398	Id.	Le Crime et le Châtiment.
1399	Id.	Id.
1402	Doyon, R.-L.	L'Enfant prodigue.
1409	Ducamp, M.	Mémoires d'un Suicidé.
1414	Duhamel, G.	Vie des Martyrs (1914-16).
1415	Id.	Compagnons.
1416	Id.	Confession de Minuit.
1417	Id.	Les Hommes abandonnés.
1418	Id.	Le Prince Jaspar.
1418	Id.	Deux Hommes.
1419	Id.	La Pierre d'Horeb.
1420	Id.	La Possession du Monde.
1421	Id.	Civilisation (1914-17).
1422	Id.	Journal de Salavin.
1423	Id.	Lettres au Patagon.
1424	Id.	Voyage à Moscou.
1431	Dumas, A.	Napoléon.
1432	Id.	Les trois Mousquetaires.
1433	Id.	Pauline de Meulien.
1434	Id.	Le Vicomte de Bragelonne (4 tomes).
1435	Id.	Impressions de Voyage en Suisse.
1436	Id.	Vingt ans après (2 tomes).
1437	Id.	Ange Pitou (2 tomes).
1438	Id.	Le Bâtard de Mauléon (3 tomes).
1439	Id.	Le Comte de Monte-Cristo (6 tomes).
1430	Id.	Le Chevalier de Maison Rouge (2 tomes).
1435	Id.	Les Quarante-Cinq.
1436	Id.	Les Compagnons de Jéhu.
1437	Id.	La Dame au Collier de Velours.
1438	Id.	Le Chevalier d'Harmental.
1439	Id.	Le Trou de l'Enfer.
1440	Dumas, A., Fils.	La Dame aux Camélias.
1450	Dunan, Renée.	La Culotte en Jersey de Soie.
1451	Id.	La Triple Caresse.
1452	Id.	Le Prix Lacombyne.
1462	Durtain, Luc.	La Source Rouge.
1465	Id.	Douze Cent Mille.
1466	Id.	Quarantième Etage.
1468	Duvernois, H.	La Brebis Galeuse.
1469	Id.	Fifinoiseau.
1470	Id.	Gisèle.

Nos d'ordre	AUTEURS	TITRES DES OUVRAGES
1471	DUVERNOIS, H.	Edgard.
1472	Id.	Une Dame heureuse.
1482	EBERHARDT.	Trimardeur.
1498	ELDER, Marc.	Le Peuple de la Mer.
1503	ELIOT, G.	Le Moulin sur la Floss (2 tomes).
1556	ERCKMAN-CHATRIAN	Histoire d'un Paysan.
1557	Id.	Le Blocus.
1558	Id.	Madame Thérèse.
1559	Id.	L'Invasion.
1560	Id.	Histoire d'un Homme du Peuple.
1561	Id.	L'Ami Fritz.
1562	Id.	Souvenirs d'un Ancien Chef de Chantier de l'Isthme de Suez.
1566	ERLAND, A.	La Vipère Dorée.
1570	ESCHOLIER, R.	Quand on Conspire.
1571	Id.	Cantegril.
1580	ESTAUNIÉ.	L'Ascension de M. Balsèvre.
1581	Id.	Le Ferment.
1582	Id.	L'Appel de la Route.
1583	Id.	L'Empreinte.
1588	EVRARD, L.	La Nuit.
1595	EWERS, H.	Mandragore.
1596	Id.	L'Apprenti Sorcier.
1600	EXCOFFON.	Le Courrier de Lyon.
1605	E. FABRE.	La Vie Publique.
1606	Id.	Les Ventres Dorés.
1608	Id.	Monsieur Jean.
1620	FABRE-LUCE, A.	La Victoire.
1625	FABRE, Lucien.	La Jeunesse de Rabevel.
1625	Id.	Le Financier Rabevel.
1625	Id.	La Fin de Rabevel.
1631	FAGUET, E.	XVIIe Siècle.
1632	Id.	XVIIIe Siècle.
1633	Id.	Initiation Littéraire.
1636	FARRÈRE, C.	La Maison des Hommes vivants.
1637	Id.	Thomas l'Agnelet.
1638	Id.	Id.
1639	Id.	L'Homme qui assassina.
1640	Id.	Les Condamnés à mort.
1641	Id.	La Bataille.
1642	Id.	Mademoiselle Dax, jeune Fille.
1643	Id.	Fumées d'Opium.
1644	Id.	Les Civilisés.
1645	Id.	Dix-sept Histoires de Marins.
1650	FAVRE, L.	Bab-el-Oued.
1651	Id.	L'Homme derrière le Mur.
1657	Une Femme curieuse.	Journal de Marinette.
1660	FÉNELON.	Les Aventures de Télémaque.

Nos d'ordre	AUTEURS	TITRES DES OUVRAGES
1673	FERVAL, Claude.	Un Double Amour.
1676	FEUILLET, Octave.	La Parisienne.
1677	Id.	Roman d'un jeune Homme pauvre.
1681	FÉVAL, Paul.	Le Bossu (5 vol.).
1682	Id.	La Louve.
1695	FISCHER, M. et A.	L'Inconduite de Lucie.
1696	Id.	Estelle.
1697	Id.	L'Amant de la Petite Dubois.
1713	FLAUBERT.	Salambo.
1714	Id.	Madame Bovary.
1715	Id.	Education Sentimentale.
1716	Id.	Bouvard et Pécuchet.
1717	Id.	Un Cœur simple, etc...
1718	Id.	Par les Champs et par les Grèves.
1719	Id.	Madame Bovary.
1723	FLORÉAL.	Roman.
1724	Id.	Id.
1730	FLEURET, F.	Histoire de la Bienheureuse Raton.
1739	FOLEY	Cabotinette.
1772	FRANCE, A.	Sur la Pierre Blanche.
1773	Id.	La Vie en Fleurs.
1774	Id.	Les Dieux ont soif.
1775	Id.	Le Crime de Sylvestre Bonnard.
1776	Id.	La Révolte des Anges.
1777	Id.	L'Ile des Pingouins.
1778	Id.	M. Bergeret à Paris.
1779	Id.	L'Anneau d'Améthyste.
1780	Id.	Jocaste et le Chat maigre.
1781	Id.	Les sept Femmes de Barbe-Bleue.
1782	Id.	Id.
1783	Id.	Le Mannequin d'Osier.
1784	Id.	L'Orme du Mail.
1785	Id.	Histoire Comique.
1786	Id.	La Rôtisserie de la Reine Pédauque.
1787	Id.	Le Petit Pierre.
1788	Id.	Balthasar.
1789	Id.	Le Jardin d'Epicure.
1790	Id.	Les Opinions de Jérôme Coignard.
1791	Id.	Vers les Temps meilleurs.
1792	Id.	L'Etui de Nacre.
1793	Id.	Le Livre de mon Ami.
1794	Id.	Thaïs.
1796	Id.	La Vie Littéraire (4 vol.).
1798	Id.	Le Lys Rouge.
1799	Id.	Jocaste et le Chat maigre.
1803	FRANCE, Hector.	Au Pays de Cocagne.
1813	FRAPIÉ, Léon.	La Proscrite.
1814	Id.	La Virginité.

Nos d'ordre	AUTEURS	TITRES DES OUVRAGES
1815	FRAPIÉ, Léon.	Contes imprévus.
1816	Id.	L'Institutrice de Province.
1817	Id.	Les Contes de la Maternelle.
1818	Id.	Marcelin Gayard.
1823	FRAPPA, J.-J.	Le Fils de M. Poirier.
1833	FROMENTIN, E.	Dominique.
1838	FRONDAIE, P.	L'Homme à l'Hispano.
1853	GAILLARD, Gaston.	La Beauté d'une Femme.
1865	GALMOT, Jean.	Quelle étrange Histoire.
1870	GALTIER-BOISSIÈRE.	La Bonne Vie.
1875	GALSWORTHY.	Fraternité.
1880	GALZY, Jeanne.	Les Allongées.
1881	Id.	L'Ensevelie.
1882	Id.	La Grand'Rue.
1883	Id.	L'Ensevelie.
1887	GARNETT, David.	La Femme changée en Renard.
1899	GAUBERT, E .	L'Amour Marié.
1904	GAUMENT et CÉ.	Le Fils Maublanc.
1905	Id.	La Grand'Route des Hommes.
1906	GAUTIER, Th.	Mlle de Maupin.
1907	Id.	Voyage en Italie.
1908	Id.	Constantinople.
1909	Id.	Victor Hugo.
1910	BERGERAT, E.	Théophile Gautier (Entretiens, souvenirs).
1911	GAUTIER, Th.	Poésies complètes (2 vol.).
1912	Id.	Le Capitaine Fracasse (2 vol.).
1913	Id.	Les Vacances du Lundi.
1914	Id.	Voyage en Russie.
1915	Id.	L'Orient.
1916	Id.	Le Roman de la Momie.
1917	Id.	Partie Carrée.
1918	Id.	Fusains et Eaux-Fortes.
1919	Id.	Souvenirs de Théâtre.
1920	Id.	Histoire du Romantisme.
1921	Id.	Portraits Contemporains.
1922	Id.	Loin de Paris.
1923	Id.	Spirite.
1924	Id.	Les Jeunes-France.
1925	Id.	Voyage en Espagne.
1926	Id.	La Nature chez Elle, etc...
1927	Id.	Tableaux de Siège.
1928	Id.	Les Grotesques.
1929	Id.	Emaux et Camées (poésies).
1930	GAUTHIER, Judith.	Mémoires d'un Eléphant blanc.
1940	GEFFROY, Gustave.	Cécile Pommier (L'Education spirituelle), 1er vol.
1941	Id.	Cécile Pommier (La Lutte de classes), 2e vol.

N^os^ d'ordre	AUTEURS	TITRES DES OUVRAGES
1942	GEFFROY, Gustave.	L'Enfermé (Blanqui).
1943	Id.	L'Idylle de Marie Biré.
1944	Id.	Herminie Gilquin.
1945	Id.	Contes du Pays d'Ouest.
1946	Id.	L'Apprentie.
1951	GÉMIER.	Le Théâtre.
1956	GENEVOIX, M.	Raboliot.
1957	Id.	La Boîte à Pêche.
1961	GÉNIAUX, Ch.	La Famille Messal.
1962	Id.	La Résurrection d'Aphrodite.
1963	Id.	L'Homme de Peine.
1966	Micehl, Georges-Michel.	Les Montparnos.
1971	GÉRALDY.	Toi et Moi.
1976	GERMAIN, José.	Notre Guerre.
1981	GIDE, André.	Dostoïewski.
1982	Id.	Les Faux-Monnayeurs.
1983	Id.	Id.
1984	Id.	La Porte étroite.
1985	Id.	Voyage au Congo.
1996	GIOVANNI.	Spartacus (2 vol.).
2010	GIRAUDOUX.	Simon le Pathétique.
2011	Id.	Bella.
2012	Id.	Eglantine.
2013	Id.	Suzanne et le Pacifique.
2016	GOBINEAU (De).	Les Pléiades (2 vol.).
2017	Id.	Ternove.
2022	GOEDORP, V.	Le Rempart.
2027	GŒTHE.	Werther, Faust, etc...
2032	GOGOL.	L'Inspecteur.
2033	Id.	Tarras Boulba.
2037	GONCOURT (De).	Renée Mauperin.
2038	Id.	La Fille Elisa.
2039	Id.	Faustin.
2040	GONCOURT (E. et J.).	Germinie Lacerteux.
2041	Id.	Henriette Maréchal.
2046	GORKI, M.	Les Déchus.
2047	Id.	L'Annonciateur de la Tempête.
2048	Id.	En Prison.
2049	Id.	Les Petits Bourgeois.
2050	Id.	Ma Vie d'Enfant.
2051	Id.	La Mère.
2052	Id.	L'Angoisse.
2053	Id.	Le Patron R.
2058	GOTTHILF, J.	L'Ami et l'Argent.
2063	GOURMONT (De).	Une Nuit au Luxembourg.
2078	GRASSET, Pierre.	Le Torrent dans la Ville.
2083	GRAVE, Jean.	Les Aventures de Nono.
2087	Id.	Malfaiteurs.

Nos d'ordre	AUTEURS	TITRES DES OUVRAGES
2092	Green, Julien.	Adrienne Mesurat.
2098	Gréville, H.	Dosia.
2099	Id.	Perdue.
2104	Gsell, P.	Propos d'Anatole France.
2131	Guillaumin, E.	Près du Sol.
2132	Id.	La Vie d'un Simple.
2133	Id.	Rose et sa Parisienne.
2143	Guillot, Denis.	Sabaoth.
2148	Guy-Grand, G.	Mlle Lumière.
2153	Gybal, A.	Luxure.
2154	Id.	Ma Femme et son Amant.
2158	Gyp.	L'Amoureux de Line.
2159	Id.	Le Grand Coup.
2160	Id.	De Haut en Bas.
2161	Id.	Napoléonnette.
2162	Id.	La Guinguette.
2170	Hagard, R.	Elle (She).
2175	Halévy, D.	Un Episode.
2181	Halt, Marie-Robert	Jacques la Chance et Jean la Guigne.
2186	Hamp, P.	Le Rail.
2187	Id.	Le Cantique des Cantiques (2 vol.).
2188	Id.	Les Chercheurs d'Or.
2189	Id.	Gens (2 vol.).
2190	Id.	La Victoire Mécanicienne.
2191	Id.	Vieille Histoire.
2192	Id.	Marée fraîche.
2193	Id.	L'Enquête.
2194	Id.	Le Travail invincible.
2200	Hamsun, K.	Au Pays des Contes.
2201	Id.	La Faim.
2206	Haraucourt, E.	L'Oncle.
2207	Id.	Vertige d'Afrique.
2208	Id.	Daâh, le premier Homme.
2213	Hardy, T.	La Vie et la Mort du Maire de Castelbridge.
2218	Harry, M.	La Petite Fille de Jérusalem.
2219	Id.	Siona chez les Barbares.
2220	Id.	Siona à Paris.
2221	Id.	Le tendre Cantique de Siona.
2222	Id.	La divine Chanson.
2227	Hart (Bret-).	Dans les Bois de Carquinez.
2232	Hauptmann, G.	La Cloche engloutie.
2233	Id.	Les Tisserands.
2242	Hearn, Lafcadio.	Chita.
2243	Id.	Contes des Tropiques.
2247	Heine, Henri.	Poésie, Le Retour. etc...
2248	Hémon, L.	Maria Chapdelaine.
2252	Hermant, Abel.	Les Grands Bourgeois.

Nos d'ordre	AUTEURS	TITRES DES OUVRAGES
2253	HERMANT, Abel.	Le Cavalier Miserey.
2254	Id.	Les Noces Vénitiennes.
2255	Id.	Le Drame de la Guerre.
2260	HERVIEU, P,	Peints par Eux-mêmes.
2269	HIRCH, Ch.-H.	Le Cœur de Poupette.
2270	Id.	Voyage de Noces.
2271	Id.	L'Enchaînement.
2272	Id.	Le Sang de Paris.
2273	Id.	La Grande Capricieuse.
2274	Id.	Nini Godache.
2279	HORACE.	Odes choisies.
2280	Id.	Id.
2291	HUGO, V.	Notre-Dame de Paris (2 vol.).
2292	Id.	Les Misérables (4 vol.).
2293	Id.	L'Homme qui Rit.
2294	Id.	La Fin de Satan, Dieu, Toute la Lyre.
2295	Id.	Dernier jour d'un Condamné.
2296	Id.	Odes et Ballades, les Rayons et les Ombres.
2297	Id.	Cromwell, Torquemada, Théâtre en Liberté, etc...
2298	Id.	Histoire d'un Crime.
2299	Id.	Le Rhin, Alpes et Pyrénées, France et Belgique.
2300	Id.	La Légende des Siècles, etc...
2301	Id.	Littérature et Philosophie, etc...
2302	Id.	Les Châtiments, L'Année Terrible, etc...
2303	Id.	Avant, Pendant, Après l'Exil.
2304	Id.	Le Roman de Juliette et de V. Hugo.
2306	HUMBOURG, P.	Escale.
2309	HUTCHINSON.	Quand vient l'Hiver.
2314	HUYSMANS.	Marthe.
2315	Id.	Le Drageoir aux Epices.
2320	IBSEN, H.	Poésies.
2321	Id.	Le Canard Sauvage.
2322	Id.	La Dame de la Mer.
2323	Id.	Solness le Constructeur.
2327	IMAN.	Le Cœur et les Chiffres.
2330	ISTRATI, P.	Oncle Anghel.
2331	Id.	Les Haïdoucs.
2332	Id.	Kyra Kyralina.
2333	Id.	Domnitza de Snagow.
2334	Id.	Le Refrain de la Fosse.
2335	Id.	La Famille Perlmutter.
2337	ILLUSTRATION.	Théâtre (1924-25).
2338	Id.	Romans (1923).
2339	Id.	Théâtre [illegible]
2340	Id.	Romans (1924).

N°s d'ordre	AUTEURS	TITRES DES OUVRAGES
2341	ILLUSTRATION.	Romans.
2342	Id.	Théâtre (1923).
2347	INSUA.	Les Flèches de l'Amour.
2352	JACOB, Max.	L'Homme de chair et l'Homme reflet.
2372	JALOUX, E.	Fumées dans la Campagne.
2373	Id.	Le Reste est Silence...
2374	Id.	L'Escalier d'Or.
2375	Id.	Les Sangsues.
2376	Id.	L'Amour de C. Fougères.
2377	Id.	Les Profondeurs de la Mer.
2382	JAMMES, Francis.	Le Roman du Lièvre.
2383	Id.	De l'Age divin à l'Age ingrat.
2414	JEAN-MONIQUE.	L'Enlisement.
2420	JÉROME, H.	Trois Hommes dans un Bateau.
2442	JOLINON, J.	Le Valet de Gloire.
2443	Id.	La Tête brûlée.
2444	Id.	La Paroissienne.
2458	JOUCLET.	La Conquête.
2477	KARR, Alphonse.	Devant les Tisons.
2478	Id.	Promenades hors de mon Jardin.
2479	Id.	Les Points sur les I.
2480	Id.	Sous les Orangers (Mélanges philosophiques).
2481	Id.	Histoire de Rose et de Jean Duchemin.
2482	Id.	Les Cailloux blancs du Petit Poucet.
2483	Id.	Pendant la pluie.
2495	KELLERMANN.	Le Tunnel (2 vol.).
2497	KESSEL, J.	Les Captifs.
2498	Id.	Les Cœurs purs.
2499	Id.	Terre d'Amour.
2501	KEUN, Odette.	Mesdemoiselles Dai, de Constantinople.
2502	Id.	Le Prince Tariel.
2512	KIPLING, Rudyard.	Le Chat Maltais.
2513	Id.	L'Homme qui voulut être Roi.
2514	Id.	Sur le Mur de la Ville.
2515	Id.	Kim.
2516	Id.	La Lumière qui s'éteint.
2517	Id.	Les Bâtisseurs de Ponts.
2518	Id.	Le Livre de la Jungle.
2519	Id.	Le second Livre de la Jungle.
2524	KOUPRINE, A.	Le Duel.
2525	Id.	Sulamite.
2530	LABICHE.	La Cagnotte.
2535	LACRETELLE (De).	La Bonifas.
2536	Id.	Silbermande.
2541	J. de la BRÈTE.	Mon Oncle et mon Curé.
2546	LACROIX, Francy.	En plein Ciel.
2556	LA FAYETTE (Mme).	La Princesse de Clèves.

Nos d'ordre	AUTEURS	TITRES DES OUVRAGES
2561	LA FOUCHARDIÈRE.	Au Pays des Chameaux.
2562	Id.	A la recherche d'un Dieu.
2563	Lafouchardière et Celval.	Tif d'Etoupes et Nib de Tifs.
2564	Id.	Le Diable dans un Bénitier.
2575	LAHY-HOLLEBEQUE.	Anatole France et la Femme.
2576	Id.	Id.
2581	LA JEUNESSE, Ern.	Des Soirs, des Gens, des Choses.
2591	LAMARQUE.	Un An de Caserne.
2596	LAMARTINE.	Geneviève, Histoire d'une Servante.
2597	Id.	Graziella.
2598	Id.	Lettres à Lamartine.
2603	LA MAZIÈRE.	J'aurai un bel Enterrement.
2608	LA MOTHE (De).	Les Faucheurs de la Mort (2 vol.).
2609	Id.	Les Martyrs de la Sibérie (4 vol.).
2614	LANDRY, L.	Bacchus.
2624	LARBAUD, Valéry.	A. O. Barnabooth.
2627	LATZARUS, L.	La Vie paresseuse de Rivarol.
2629	LATZKO.	Les Hommes en Guerre.
2630	Id.	La Marche Royale.
2649	LAVEDAN, H.	Panteau (Tome I).
2650	Id.	Id. (Tome II).
2672	LECACHE, B.	Jacob.
2677	LE CŒUR.	Loulou et Loulou.
2682	LECONTE DE L'ISLE.	Poèmes Antiques.
2692	LE FEBVRE, Y.	La Terre des Prêtres.
2693	Id.	Les Féodaux.
2694	Id.	Les Barbares.
2699	LE GOFF, M.	A. France à la Béchellerie.
2700	LE GOFFIC, Ch.	La Payse.
2705	LEGOUVÉ.	L'Art de la Lecture.
2706	Id.	Les Pères et les Enfants.
2717	LEMAITRE, J.	Les Contemporains (4 vol.).
2718	Id.	La Vieillesse d'Hélène.
2723	LEMONNIER, C.	Le Droit au Bonheur.
2724	Id.	Le Mort.
2725	Id.	Les deux Consciences.
2726	Id.	Le Vent dans les Moulins.
2727	Id.	La Maison qui dort.
2737	LE POER, J.-P.	A la Légion (Journal d'un Irlandais).
2742	LEROUX, J.	Léon Chatry, Instituteur.
2743	Id.	Une Fille de rien.
2748	LE ROY, E.	Au Pays des Pierres.
2749	Id.	Le Moulin du Frau.
2750	Id.	Jacquou le Croquant.
2751	Id.	Bonne Sœur des Chemins.
2760	LESUEUR, Daniel.	Le Cœur chemine.
2765	LÉTANG, L.	Collier de Cheveux.
2766	Id.	La Fée aux Dentelles.

N°s d'ordre	AUTEURS	TITRES DES OUVRAGES
2779	LÉVY, Jacob.	Les Pollaks.
2789	LICHTENBERGER, A.	Mon petit Trott.
2790	Id.	Père.
2791	Id.	La petite Sœur de Trott.
2792	Id.	Les Contes de Minnie.
2793	Id.	Line.
2794	Id.	Biche.
2805	LINTIER, Paul.	Ma Pièce.
2810	LOCARD, Ed.	Policiers de Roman et de Laboratoire.
2820	LONDON, J.	Radieuse Aurore.
2821	Id.	Jerry dans l'Ile.
2822	Id.	Martin Eden.
2823	Id.	Michaël Chien de Cirque.
2824	Id.	Croc-Blanc.
2825	Id.	Fille des Neiges.
2826	Id.	L'Appel de la Forêt.
2827	Id.	Les Mutinés d'Elsinor.
2828	Id.	Avant Adam.
2829	Id.	Le Fils du Loup.
2830	Id.	La Peste écarlate.
2831	Id.	Le Tourbillon.
2832	Id.	La Vallée de la Lune.
2833	Id.	Le Peuple de l'Abîme.
2834	Id.	Le Loup des Mers.
2835	Id.	L'Aventureuse.
2845	LORRAIN, J.	Les Lépillier.
2850	LOTI, P.	Le Roman d'un Spahi.
2851	Id.	Pêcheurs d'Islande.
2852	Id.	Matelot.
2853	Id.	Mon frère Ives.
2854	Id.	Vers Ispahan.
2855	Id.	La Galilée.
2856	Id.	Le Roman d'un Enfant.
2857	Id.	Ramuntcho.
2858	Id.	L'Exilée.
2859	Id.	Les Désenchantées.
2860	Id.	Le Désert.
2861	Id.	Le Roman d'un Enfant.
2862	Id.	La Fille du Ciel.
2863	Id.	Prime Jeunesse.
2864	Id.	Au Maroc.
2865	Id.	Aziyadé.
2866	Id.	Jérusalem.
2867	Id.	Suprêmes Visions d'Orient.
2872	LONVYCK, Y.-N.	La Dame au Beffroi.
2883	LOUYS, P.	Aphrodite.
2884	Id.	La Femme et le Pantin.
2885	Id.	Les Chansons de Bilitis.

Nos d'ordre	AUTEURS	TITRES DES OUVRAGES
2886	Louys, P.	Le Crépuscule des Nymphes.
2906	Machard, A.	Trique, Gamin de Paris.
2907	Id.	Les Cent Gosses.
2908	Id.	Titine.
2909	Machard, Raymond.	L'Œuvre de Chair.
2910	Machard, A.	Printemps Sexuels.
2911	Id.	Le Clown et sa Chimère.
2916	Mac Orlan, P.	A bord de l'Etoile matutine.
2917	Id.	La Vénus Internationale.
2918	Id.	Aux Lumières de Paris.
2919	Id.	La Cavalière Elsa.
2920	Id.	Sous la Lumière froide.
2921	Id.	Le Quai de Brumes.
2922	Id.	
2925	Madeline, Jean.	La Conquête.
2930	Madol.	Journal d'un Mannequin.
2931	Id.	Ces Dames du Régiment.
2950	Mæterlinck.	L'Oiseau Bleu.
2951	Id.	Double Jardin.
2952	Id.	Monna Vanna.
2953	Id.	Joizelle.
2954	Id.	La Vie des Abeilles.
2959	Magali-Boisnard.	Mâadith.
2964	Magne, Emile.	Ninon de Lanclos (Les Femmes célèbres).
2974	Magre, M.	Le Mystère du Tigre.
2975	Id.	La Luxure de Grenade.
2976	Id.	Priscilla d'Alexandrie.
2977	Maistre (X. de).	Voyage autour de ma Chambre.
3008	Malot, H.	Cara.
3009	Id.	Les Besogneux.
3012	Id.	Micheline.
3024	Mandelstamm.	Jim Blackwood, Jockey.
3025	Id.	Hollywood.
3036	Maran, R.	Batouala.
3041	Marbo, C.	Blassenay-le-Vieux.
3042	Id.	Christine Rodis.
3057	Margueritte, P.	La Maison brûle.
3058	Id.	La Faiblesse Humaine.
3059	Margueritte, P.-V.	La Commune.
3060	Id.	Zette.
3061	Margueritte, V.	Les Frontières du Cœur.
3064	Id.	La Garçonne.
3065	Id.	L'Or.
3066	Margueritte, P.-V.	Poum.
3067	Margueritte, V.	Le Compagnon.
3068	Id.	Jeunes Filles.
3069	Id.	La Rose des Ruines.

N°s d'ordre	AUTEURS	TITRES DES OUVRAGES
3070	MARGUERITTE, Paul.	La Confession Posthume.
3071	MARGUERITTE, V.	La Terre Natale.
3072	MARGUERITTE, P.	L'Embusqué.
3073	MARGUERITTE, V.	Prostituée.
3074	MARGUERITTE, V.	La Garçonne.
3075	Id.	Le Couple.
3076	Id.	Ton Corps est à Toi.
3079	MARGUERITTE, L.-L.	Le Singe et son Violon.
3084	ANDRÉ, Marius.	La véridique Aventure de Christophe Colomb.
3089	MARLITT, E.	La Seconde Femme.
3094	MARTIN, Marguerite	Les Bourreaux de l'Ecole.
3099	MARTIN DU GARD, R.	Les Thibaud (4 vol.).
3100	Id.	Jean Barois.
3112	MARYAN.	Chez les autres.
3133	MAUCLAIR, C.	L'Ennemi des Rêves.
3142	MAUPASSANT.	L'Inutile Beauté.
3143	Id.	Le Horla.
3144	Id.	La Maison Tellier.
3145	Id.	Les Dimanches d'un Bourgeois de Paris.
3146	Id.	La petite Roque.
3147	Id.	Notre Cœur.
3148	Id.	Contes de la Bécasse.
3149	Id.	Mont-Oriol.
3150	Id.	Au Soleil.
3151	Id.	Le Rosier de Mme Husson.
3152	Id.	Miss Harriett.
3153	Id.	Contes du Jour et de la Nuit.
3154	Id.	Des Vers.
3155	Id.	La Vie errante.
3156	Id.	Sur l'Eau.
3157	Id.	Théâtre.
3158	Id.	Monsieur Parent.
3159	Id.	Une Vie.
3160	Id.	Mlle Fifi.
3161	Id.	Toine.
3162	Id.	Boule de Suif.
3163	Id.	La Main gauche.
3164	Id.	Fort comme la Mort.
3174	MAURIAC, F.	Le Désert de l'Amour.
3175	Id.	Genitrix.
3176	Id.	Thérèse Desqueyroux.
3180	MAURIÈRE, G.	Plus fort que l'Amour.
3181	Id.	Le Semeur.
3182	Id.	Monsieur Cailloux, Homme politique.
3183	Id.	Peau de Pêche.
3187	MAUROIS, A.	Ariel ou la Vie de Schelley.

N°s d'ordre	AUTEURS	TITRES DES OUVRAGES
3188	MAUROIS, A.	La Vie de Disraëli.
3193	MAURRAS, Ch.	Les Amants de Venise (Georges Sand et Musset).
3207	MÉLON, J.	L'Ami désabusé.
3217	MENDÈS, C.	Verger fleuri.
3227	MEREJKOWSKI.	Le Roman de Léonard de Vinci.
3228	Id.	Quatorze Décembre.
3229	Id.	L'Antechrist.
3230	Id.	La Naissance des Dieux.
3231	Id.	Julien l'Apostat.
3233	MÉRIC, V.	Le Crime des Vieux.
3235	MÉRIMÉE, P.	Diane de Turgis.
3236	Id.	Colomba.
3282	MILLE, P.	Quand Panurge ressuscita.
3283	Id.	Christine et Lui.
3284	MILLE et DEMAISON.	La Femme nue et l'Homme nu.
3285	Id.	Un Prêtre qui pêcha.
3294	MIOMANDRE (De).	Le Veau d'Or et la Vache enragée.
3299	MIRBEAU, O.	La Vache tachetée.
3300	Id.	La Pipe de Cidre.
3301	Id.	Sébastien Roch.
3302	Id.	Le Calvaire.
3303	Id.	Les Affaires sont les Affaires.
3304	Id.	Les 21 Jours d'un Neurasthénique.
3305	Id.	Dingo.
3306	Id.	Le Jardin des Supplices.
3307	Id.	La 628-E-8.
3308	Id.	L'Abbé Jules.
3318	MONCŒUR, E.	L'Incomparable.
3333	MONTÉPIN (X. de).	Le Médecin des Pauvres.
3338	MONTÉGUT, M.	Le Mur, Roman de la Commune.
3348	MONFORT, E.	La Belle Enfant.
3349	Id.	La Chanson de Naples.
3350	Id.	César Casteldor.
3354	MONTHERLANT (De)	Les Bestiaires.
3355	Id.	Aux Fontaines du Désir.
3359	MORAND, Paul.	Fermé la Nuit.
3360	Id.	Ouvert la Nuit.
3361	Id.	L'Europe galante.
3362	Id.	Lewis et Irène.
3363	Id.	Bouddha vivant.
3373	MOREL, Jacques.	Muets Aveux.
3378	MORIAN, J.	L'Epreuve du Feu.
3389	MOSELLY, E.	Terres Lorraines.
3390	Id.	Jean des Brebis.
3391	Id.	Fils de Gueux.
3392	Id.	Les Etudiants.
3409	MURGER, H.	Scènes de la Vie de Bohème.

Nos d'ordre	AUTEURS	TITRES DES OUVRAGES
3414	MUSSET (A. de).	Confession d'un Enfant du Siècle.
3415	Id.	Comédies et Proverbes (2 vol.).
3416	Id.	Premières Poésies.
3417	Id.	Poésies Nouvelles.
3418	MUSSET (Paul de).	Lui et Elle.
3423	NAHUQUE (J. de).	Sur la Terre d'Afrique.
3433	NAU, J.-A.	Force Ennemie.
3438	NAUDEAU.	Plaisir du Japon.
3439	Id.	L'Italie Fasciste.
3442	NEMO, Maxime.	Un Dieu sous le Tunnel.
3454	NESMY, J.	Le Roman de la Forêt.
3455	NESMY, J.	Les Quatre Saisons de la Forêt.
3466	NEVEUX, Paul.	Gols.
3470	NICOUD, J.	Le Feu sous la Cendre.
3475	NIEPCE, G.	C'était l'Automne.
3484	NOAILLES (Ctesse de).	Les Vivants et les Morts.
3486	Id.	Le Visage émerveillé.
3496	NOLLY, E.	Hiên le Maboul.
3501	NORIAC, Jules.	Le 101e Régiment.
3503	NORMAND, Suzanne.	Cinq Femmes sur une Galère.
3506	DIVERS.	Œuvres libres (33 vol.).
3511	OBEY, André.	Savreux vainqueur.
3516	OHAMIAN, A.	La Danseuse de Ihamakha.
3521	OHNET, G.	Serge Panine.
3522	Id.	Lise Fleuron.
3523	Id.	La Grande Marnière.
3524	Id.	Le Maître de Forges.
3529	ORCHAMPS (Bnne d').	Les deux Frissons.
3534	ORCZY (Bnne).	Le Mouron Rouge.
3539	OSSENDOWSKY, F.	Bêtes, Hommes et Dieux.
3544	OUDARD, G.	L'Homme Marié.
3556	PARMENTIER, F.	L'Ouragan.
3560	PARIJANINE, M.	La Fausse Mariée.
3565	PARN, F.	Sicoutrou le Pêcheur.
3573	PAUCHET, V.	Le Chemin du Bonheur.
3581	PAWLOWSKI (G. de)	Signaux à l'Ennemi.
3591	PEGUY, Ch.	De la Situation faite au Parti intellectuel dans le Monde moderne.
3592	Id.	L'Argent.
3593	Id.	Notre Jeunesse.
3594	Id.	Tâpisserie de Notre-Dame. Le Mystère de la Charité de Jeanne d'Arc.
3599	PÈNE (A. de).	Sœur Véronique.
3609	PÉLADAN.	Les Dévotes d'Avignon.
3638	PERGAUD.	La Revanche du Corbeau.
3639	Id.	La Guerre des Boutons.
3640	Id.	Les Rustiques.
3641	Id.	De Goupil à Margot.

N^os d'ordre	AUTEURS	TITRES DES OUVRAGES
3642	Pergaud.	Le Roman de Miraut.
3651	Pérochon.	Nène.
3652	Id.	Les Creux de Maisons.
3653	Id.	Le Chemin de Plaine.
3654	Id.	La Parcelle 32.
3655	Id.	Les Ombres.
3656	Id.	Huit Gouttes d'Opium.
3671	Persky, S.	Tolstoï Intime.
3685	Petithuguenin.	Gil et son Modèle.
3695	Philippe, Ch.-L.	Le Père Perdrix.
3696	Id.	Dans la Petite Ville.
3697	Id.	Marie Donadieu.
3698	Id.	Bubu de Montparnasse.
3699	Id.	La bonne Madeleine et la pauvre Marie.
3721	Pioch, G.	L'Impuissance d'Hercule.
3722	Id.	La Bonté d'Aimer.
3727	Piot, Jean.	Le Village.
3728	Id.	Comme je les vois.
3733	Poe, E.-A.	Nouvelles Histoires Extraordinaires.
3739	Poliakow, Salom.	Le Messie sans Peuple.
3744	Pirandello, Luigi.	Six Personnages en quête d'Auteurs.
3754	Ponsot, G.	Le Roman de la Rivière.
3755	Id.	Id.
3756	Id.	Le Roman des Oiseaux.
3757	Id.	L'Ecuyer d'Enfer.
3772	Poulaille, H.	Ils étaient Quatre.
3773	Id.	Ames Neuves.
3774	Id.	L'Enfantement de la Paix.
3776	Pourrat, H.	Le Mauvais Garçon.
3777	Praviel.	L'Assassinat de M. Fualdès.
3782	Prévost, M.	L'Automne d'une Femme.
3783	Id.	Les Dons Juanes.
3784	Id.	Les Anges Gardiens.
3785	Id.	Les Vierges fortes (Léa).
3786	Id.	L'Adjudant Benoît.
3787	Id.	Le Jardin Secret.
3788	Id.	Les Demi-Vierges.
3789	Id.	Le Domino Jaune.
3790	Id.	Les Vierges fortes (Frédérique).
3791	Id.	Id.
3796	Prévost (Abbé).	Manon Lescaut.
3800	Prud'homme, J.-S.	Beethoven.
3808	Proust, M.	Le Côté des Guermantes.
3809	Id.	A la Recherche du Temps perdu.
3809	Id.	Id.
3810	Id.	A la Recherche du Temps perdu (Albertine disparue).
3811	Id.	Les Plaisirs et les Jours.

N°s d'ordre	AUTEURS	TITRES DES OUVRAGES
3816	Provins, M.	Un Roman de Théâtre.
3821	Psichari, Jean.	Typesses.
3831	Quantin, Alb.	Histoire prochaine (Roman socialiste).
3832	Id.	En plein Vol.
3842	Rabelais.	Œuvres.
3847	Rachilde.	Les Hors Nature.
3848	Id.	L'Heure Sexuelle.
3849	Id.	Le Meneur de Louves.
3850	Id.	L'Hôtel du Grand Veneur.
3851	Id.	Les Rageac.
3852	Id.	La Jongleuse.
3853	Id.	La Souris Japonaise.
3858	Radiguet, R.	Le Diable au Corps.
3859	Id.	Le Bal du Comte d'Orgel.
3869	Rameau, J.	La Route Bleue.
3870	Id.	La Rose de Grenade.
3871	Id.	La Mascarade.
3872	Id.	La Jungle de Paris.
3877	Ramuz, C.-F.	La Guérison des Maladies.
3878	Id.	La grande Peur dans la Montagne.
3903	Reboux, Paul.	Colin ou les Voluptés Tropicales.
3904	Id.	La Petite Papacoda.
3905	Id.	La Maison de Danses.
3906	Id.	Les Drapeaux.
3907	Id.	Le Phare.
3908	Id.	Arthur et Sophie ou Paris en 1860.
3920	Rechetnikow, F.	Ceux de Podlipnaïa.
3925	Régnier (H. de).	Le Mariage de Minuit.
3926	Id.	La Flambée.
3927	Id.	La Sandale ailée.
3928	Id.	Les Scrupules de Sganarelle.
3929	Id.	Les bons Plaisirs.
3930	Id.	Le Mariage de Minuit.
3931	Id.	Les Vacances d'un jeune Homme sage.
3936	Reibrach, Jean.	La Houle.
3943	Remband, L.	36, Quai des Orfèvres.
3950	Renan, E.	Caliban.
3955	Renard, J.	Nos Frères farouches (Ragotte).
3956	Id.	Le Vigneron dans sa Vigne.
3957	Id.	Bucoliques.
3958	Id.	Poil de Carotte.
3959	Id.	L'Ecornifleur.
3960	Id.	La Maîtresse.
3961	Id.	Histoires Naturelles.
3964	Renard, Maurice.	L'Homme truqué.
3965	Id.	Le Voyage immobile.
3966	Id.	Suite Fantastique.
3967	Id.	Le Singe.

N^{os} d'ordre	AUTEURS	TITRES DES OUVRAGES
3967	RENARD, Maurice.	Le Docteur Lerne Sous-Dieu.
3969	Id.	Le Péril Bleu.
3974	RENAUD, Jean.	Mirages d'Exil.
3975	Id.	Les Loups dans la Steppe.
3976	Id.	Un Mystérieux Message.
3981	RENEL, Ch.	La Fille de l'Ile Rouge.
3990	REUILLARD, G.	L'Homme nu.
3993	REYLES, C.	La Race de Caïn.
3994	Id.	L'Ensorcellement de Séville.
3996	REYMONT, L.	Les Paysans (4 vol.).
3998	RHAÏSS, E.	Saada la Marocaine.
4003	Id.	La Ville de Pachas.
4004	Id.	Les Juifs.
4009	RICARD (X. de).	Mme de la Valette.
4025	RIVET, F.	La Servitude.
4032	Id.	Les deux Pirogues.
4037	ROBERT (Louis de).	Le Roman du Malade.
4038	Id.	La Reprise.
4043	ROBIN, G.	La Prison de Soie.
4049	ROD, E.	Les Unis.
4050	Id.	Le Silence.
4051	Id.	L'Incendie.
4052	Id.	L'Ombre s'étend sur la Montagne.
4057	RODENBACH.	Bruges-la-Morte.
4062	ROGER-MARX, Cl.	Les Deux Amis.
4067	ROGER, Noëlle.	Docteur Germaine.
4072	ROL, G.	Le Lierre dans l'Eau vive.
4077	ROLLAND, Romain.	Au-dessus de la Mêlée.
4078	Id.	Jean-Christophe : L'Aube.
4079	Id.	Id. Le Matin.
4080	Id.	Id. L'Adolescent.
4081	Id.	Id. La Révolte.
4082	Id.	Id. La Foire sur la Place.
4083	Id.	Id. La Foire sur la Place.
4084	Id.	Id. Antoinette.
4085	Id.	Id. Dans la Maison.
4086	Id.	Id. Les Amies.
4087	Id.	Id. Les Amies.
4088	Id.	Id. Le Buisson Ardent.
4089	Id.	Id. La Nouvelle Journée.
4090	Id.	Pierre et Luce.
4091	Id.	Cola Breugnon.
4092	Id.	Le 14 Juillet.
4093	Id.	L'Ame Enchantée.
4094	Id.	Id.

N°s d'ordre	AUTEURS	TITRES DES OUVRAGES
4094	ROLLAND, Romain.	L'Ame Enchantée : L'Eté.
4096	Id.	Id. Mère et Fils (t. I.).
4096	Id.	Id. Mère et Fils (t. II).
4098	Id.	Clérembault.
4105	ROMAINS, Jules.	Lucienne.
4106	Id.	Mort de Quelqu'un.
4107	Id.	Les Copains.
4108	Id.	Sur les Quais de la Villette.
4109	Id.	Donogoo Fouke.
4115	ROIMEUF (L. de).	L'Heure qui passe.
4120	ROSENTHAL, G.	L'Eveil.
4126	ROSNY Aîné (J.-H.)	Les Pures et les Impures.
4127	Id.	Nell Horn.
4128	Id.	La Terre Noire.
4129	Id.	La Vague Rouge.
4130	Id.	Les Corneilles.
4131	Id.	L'Impérieuse Bonté.
4132	Id.	L'Autre Femme.
4133	Id.	L'Enigme de Givreuse.
4134	Id.	Le Félin Géant.
4135	Id.	La Guerre du Feu.
4136	Id.	La Mort de la Terre.
4137	Id.	L'Etonnant Voyage de Hareton Ironcastle.
4138	Id.	La Courtisane Passionnée.
4139	Id.	Sous le Fardeau.
4140	Id.	La Métisse Amoureuse.
4145	ROSTAND, E.	La Princesse Lointaine.
4146	Id.	La Samaritaine.
4147	Id.	Les Romanesques.
4148	Id.	Cyrano de Bergerac.
4149	Id.	L'Aiglon.
4152	ROSTAND, M.	Le Pilori.
4153	Id.	La Vie Amoureuse de Casanova.
4154	Id.	La Gloire.
4155	Id.	Le Cercueil de Cristal.
4160	ROSTAND, J.	Les Familiotes.
4170	ROUQUÈS, Am.	Le Jeune Rouvre.
4175	ROUSSEAU, J.-J.	Les Confessions.
4200	SAINT-MARCET.	Aventurine.
4215	SALES, Pierre.	L'Ecuyère.
4216	Id.	Le Corso Rouge.
4217	Id.	Louise Mornans.
4218	Id.	Le Ruban Rouge.
4219	Id.	Nous allons au Plaisir.
4224	SALMON, André.	Une Orgie à Saint-Pétersbourg.
4225	Id.	Tendres Canailles.
4230	SAMAIN, A.	Le Chariot d'Or.

N^os d'ordre	AUTEURS	TITRES DES OUVRAGES
4235	Samat, J.-T.	« Camard » Guardian.
4255	Sand, G.	Le Diable aux Champs.
4256	Id.	Valentine.
4257	Id.	Contes d'une Grand'Mère.
4258	Id.	Le Dernier Amour.
4259	Id.	Nanon.
4260	Id.	Les Deux Frères.
4261	Id.	Contes d'une Grand'Mère : Le Chêne parlant.
4262	Id.	Le Château de Piétordu.
4263	Id.	Mademoiselle La Quintinie.
4264	Id.	Elle et Lui.
4265	Id.	Flamarande.
4266	Id.	Pierre qui roule.
4267	Id.	Indiana.
4268	Id.	Le Chêne parlant.
4269	Id.	Promenade autour d'un Village.
4270	Id.	François le Champi.
4271	Id.	Le Petite Fadette.
4276	Sandeau, J.	La Roche aux Mouettes.
4277	Id.	Mlle de la Seiglière.
4278	Sandre, Thierry.	Le Jour sans lendemain.
4282	Santelli, C.	Georges Duhamel.
4283	Id.	L'Adieu à l'Enfance.
4287	Savignon, A.	Filles de la Pluie.
4292	Savindrof.	Ce qui ne fut pas.
4297	Schiller.	Œuvres de Schiller.
4302	Schlumberger.	Récits de Bysance et des Croisades.
4307	Scott, W.	Quentin Durward.
4308	Id.	Rob-Roy.
4309	Id.	L'Antiquaire.
4310	Id.	Ivanhoë.
4329	Schmitt, Lucy.	Le Livre des Mères.
4334	Schultz, Y.	Les Nuits de Fer.
4339	Schwob, M.	Cœur double.
4340	Id.	Vies imaginaires.
4341	Id.	Le Roi du Masque d'Or.
4343	Séménov, S.	La Faim.
4346	Seton-Merriman.	Les Vautours.
4347	Id.	La Simiacine.
4352	Seulh, Antonin.	La Grève des Machines.
4353	Id.	Comptoir du Père Dentelle.
4355	Séverine.	Line.
4358	Shakespeare.	Œuvres choisies : Le Soir des Rois, Jules César, Hamlet.
4358	Id.	Le Roi Jean, Le Roi Henri IV, La Mégère domptée.
4358	Id.	Œuvres choisies : Roméo et Juliette, etc...

N°s d'ordre	AUTEURS	TITRES DES OUVRAGES
4368	SIENKIEWICZ, H.	Quo Vadis.
4369	Id.	Par le Fer et par le Feu.
4374	SILVESTRE, A.	Mlle Chloë.
4375	Id.	Images de Femmes.
4380	SINCLAIR, U.	L'Affranchi.
4381	Id.	L'Affranchi : La Fin de la Jungle.
4382	Id.	Le Roman d'un Roi.
4383	Id.	Le Roi Charbon (2 vol.).
4384	Id.	Les Brasseurs d'Argent.
4385	Id.	Métropolis.
4391	SNELL, V.	Zibeline.
4392	Id.	L'Idée de Berthe.
4393	Id.	Le Jardin de Marès.
4394	SOLARI, Em.	La Cité rebâtie.
4399	SOREL, A.-E.	Les Sentiers de l'Amour.
4407	SOUCHON, P.	Les Tranchées de Pelissanne.
4412	SOUDAN, J.	Histoires Américaines.
4422	SOULIÉ, F.	Le Château des Pyrénées (T. I).
4422	Id.	Le Château des Pyrénées (T. II).
4423	Id.	Les Mémoires du Diable.
4428	SOUPAULT, Ph.	Les Frères Durandeau.
4429	Id.	A la Dérive.
4430	Id.	Le Nègre.
4434	SOUPEY.	Contes et Légendes d'Espagne.
4444	SPIRE, A.	Izraël Zangwill.
4279	Id.	J'ai trois Rôles distingués.
4454	STENDHAL.	Le Rouge et le Noir.
4455	Id.	La Chartreuse de Parme.
4456	STEVENSON.	Les Nuits des Iles.
4452	STILGEBAUER.	Une Femme à Berlin.
4472	STOWE, B.	La Case de l'Oncle Tom.
4477	STRINDBERG.	Le Songe. Deux Féeries.
4478	Id.	Margit (Drame).
4479	Id.	Fermentation.
4483	SUAREZ.	La Tragédie d'Elekra et Oreste.
3506	Id.	Dostoïewski.
4493	SUE, E.	Le Juif Errant (4 vol.).
4494	Id.	Les Mystères du Peuple (3 vol.).
4495	Id.	Les Misères des Enfants trouvés (4 vol.).
4505	SUTTNER (Bnne de).	Bas les Armes.
4510	TAILHADE, L.	Poèmes Aristophanesques.
4511	Id.	Poèmes Elégiaques.
4532	TSCHÉKHOW, Anton.	La Steppe.
4533	Id.	Trois Années. La Salle n° 6.
4534	Id.	Les Moujicks.
4539	TENAIS, Louis.	Le Curé Bourgogne.
4544	TÉRY, G.	Les Cordicoles.

Nos d'ordre	AUTEURS	TITRES DES OUVRAGES
4549	THACKERAY, M.-W.	La Foire aux Vanités (Roman anglais).
4554	THARAUD, J. et J.	L'An prochain à Jérusalem.
4555	Id.	La Tragédie de Ravaillac.
4557	Id.	La Fête Arabe.
4558	Id.	La Randonnée de Samba Diouf.
4559	Id.	La Rose de Saron.
4573	THEURIET, A.	Villa Tranquille.
4574	Id.	Chantereine.
4575	Id.	Boisfleury.
4576	Id.	Contes de la Primevère.
4577	Id.	Les Enchantements de la Forêt.
4578	Id.	Charme Dangereux.
4579	Id.	Contes de la Marjolaine.
4580	THURIET, Ch.	Traditions Populaires du Doubs.
4585	THIERRY, A.	L'Homme en proie aux Enfants.
4586	Id.	Le Sourire Blessé.
4591	THIERRY, S.	Le Chèvrefeuille.
4592	Id.	Mienne.
4596	THIRY, R.	Monsieur Geudron va au Peuple.
4601	THIVARS.	Toinette Brancajour.
4611	THOMAS.	Ker-Fleury.
4616	THOREAU, H.	Désobéir.
4621	TIMORY.	Les Profiteurs.
4625	TINAYRE, M.	Hellé.
4626	Id.	La Veillée des Armes.
4627	Id.	L'Oiseau d'Orage.
4632	TISSERAND, E.	Contes de la Popote.
4637	TISSOT, V.	Vienne et la Vie Viennoise.
4642	TOLSTOÏ.	Résurrection.
4643	Id.	Ultimes Paroles.
4644	Id.	Conseils aux Dirigés.
4645	Id.	Le Chant du Cygne.
4646	Id.	Le Père Serge.
4647	Id.	Polikouchka.
4648	Id.	Hadji Mourad.
4649	Id.	Appel aux Dirigeants.
4650	Id.	La Guerre et la Paix (3 vol.).
4651	Id.	A la Recherche du Bonheur.
4652	Id.	Le Faux Coupon.
4653	Id.	Marchez pendant que vous avez la Lumière.
4654	Id.	Anna Karénine.
4655	Id.	Les Fruits de la Science.
4656	Id.	Plaisirs cruels.
4657	Id.	Sonate à Kreutzer.
4679	TOURGUENEFF, I.	Mémoires d'un Seigneur Russe.
4680	Id.	Pères et Enfants.
4681	Id.	Eaux Printanières.

Nos d'ordre	AUTEURS	TITRES DES OUVRAGES
4682	TOURGUENEFF, I.	Fumée.
4683	Id.	Une Nichée de Gentilhommes.
4685	TOUSSAINT, F.	Sina Laura.
4688	TRAZ (R. de).	L'Ecorché.
4693	TRÉVIÈRES (P. de).	Le Roman d'un Chasseur d'Afrique.
4698	TROTIGNOU, L.	Les Hobereaux.
4709	TROUILLOT, G.	Gavroche et Flambeau.
4719	TWAIN, M.	Contes choisis.
4724	UNRUH (F. von).	Verdun.
4739	VACQUERIE, A.	Depuis.
4755	VALLÈS, J.	Les Blouses.
4757	Id.	Le Bachelier.
4758	Id.	Jacques Vingtras : L'Enfant.
4759	Id.	Id. L'Insurgé 1871.
4764	VALMY, P.	Les Bérilles (Mercure de France).
4769	VALROSE (P. de).	Le Droit à la Vie.
4780	VAN EEDEN.	Le Petit Jean.
4785	VAUTEL, Cl.	Mon Curé chez les Riches.
4786	Id.	Mon Curé chez les Pauvres.
4791	WEBER, P. et WILLY	Une Passade.
4792	WEBER, P.	Tout, mais pas ça.
4802	VERHAEREN.	Les Visages de la Vie.
4803	Id.	Les Heures claires.
4804	Id.	La multiple Splendeur.
4805	Id.	Les Rythmes souverains.
4806	Id.	Les Forces tumultueuses.
4807	Id.	Les Villes Tentaculaires.
4843	VIBRAYE (R. de).	Un Voluptueux.
4848	VIGNAUD, J.	Niky.
4853	VIGNES ROUGES (J.).	André Rieu, Off. de France.
4858	VIGNÉ D'OCTON.	Les Petites Dames.
4863	VILDRAC, Ch.	Découvertes.
4864	Id.	Le Paquebot Tenacity.
4867	VIMEREU, P.	Les Amants du Rempart.
4869	VIOUX, M.	Marie-du-Peuple.
4889	WEBSTER, J.	Papa Faucheux.
4894	WELLS.	L'Homme invisible.
4895	Id.	Une Utopie moderne.
4896	Id.	Quand le Dormeur s'éveillera.
4897	Id.	La Guerre des Mondes.
4898	Id.	Anne Véronique R.
4899	Id.	M. Barnstaple chez les Hommes-Dieux.
4900	Id.	Mariage.
4901	Id.	L'Histoire de M. Polly.
4902	Id.	Le Trésor dans la Forêt.
4903	Id.	La Machine à Explorer le Temps.
4904	Id.	Dieu l'invisible Roi.
4905	Id.	Anticipations.

Nos d'ordre	AUTEURS	TITRES DES OUVRAGES
4903	WELLS.	La Machine à finir la Guerre.
4907	Id.	Une Histoire du temps à venir.
4908	Id.	Un Rêve, une Vie.
4912	WENZ.	L'Homme du Soleil couchant.
4917	WERTH, L.	La Maison Blanche.
4918	Id.	Clavel Soldat.
4919	Id.	Clavel chez les Majors.
4920	Id.	Les Amants invisibles.
4921	Id.	Danses, Danseurs, Dancings.
4922	Id.	Le Monde et la Ville.
4923	Id.	Voyages avec ma Pipe.
4924	Id.	Yvonne et Pijallet.
4925	Id.	Pijallet danse.
4926	Id.	Dix-neuf ans.
4927	Id.	Cochinchine.
4931	WHITE.	Terres de silence.
4936	WIDOR, Ch.	Initiation Musicale.
4941	WILDE, O.	Le Crime de Lord Arthur Savile.
4942	Id.	Le Portrait de Dorian Gray.
4961	WINNE (A. de).	A travers les Flandres.
4966	WOLFF, P.	Amants et Maîtresses.
4967	Id.	Sacré Léonce.
4982	YELL, M.	Canët.
4987	YVER, Colette.	Les Sables mouvants.
4988	Id.	Le Métier de Roi.
4989	Id.	Princesse de Science.
4990	Id.	Le Mystère des Béatitudes.
4991	Id.	Les Dames du Palais.
4992	Id.	Un Coin du Voile.
4993	Id.	Comment s'en vont les Reines.
4994	Id.	Haudequin de Lyon.
4998	ZAMACOÏS, M.	La Fleur merveilleuse (Comédie).
5033	ZANANIRI, N.	Vierges d'Orient.
5008	ZANGWILL, Israël.	Les Affranchis du Ghetto.
5013	ZAVIE, E.	La Maison des 3 Fiancées.
5014	Id.	Poutnick le Proscrit.
5015	Id.	Les Beaux Soirs d'Iran.
5020	ZOLA, E.	La Débâcle. Le Docteur Pascal.
5021	Id.	La Terre.
5022	Id.	Mystères de Marseille. Contes à Ninon.
5023	Id.	Lourdes.
5024	Id.	Thérèse Raquin. Madeleine Férat.
5025	Id.	Le Rêve. La Bête Humaine. L'Argent.
5026	Id.	Germinal. L'Œuvre.
5027	Id.	Théâtre.
5028	Id.	La Fortune des Rougon : La Curée.
5029	Id.	Naïs Micoulin.
5030	Id.	Sidonie et Médéric.

Nos d'ordre	AUTEURS	TITRES DES OUVRAGES
5023	ZOLA, E.	La Conquête de Plassans.
5032	Id.	La Fortune des Rougon.
5033	Id.	Pot-Bouille.
5034	Id.	La Faute de l'Abbé Mouret.
5035	Id.	Au Bonheur des Dames.
5036	Id.	Le Ventre de Paris.
5037	Id.	Nana.
5038	Id.	Lourdes.
5039	Id.	Travail.
5040	Id.	Fécondité.
5041	Id.	Vérité..

Bibliothèque enfantine

N°s d'ordre	AUTEURS	TITRES DES OUVRAGES
50	Agrèves (J. d').	Le Château du Reliquaire.
65	Aimard, G.	Les Bois brûlés.
66	Id.	Les Bandits de l'Arizona.
105	Alaric, M.	Les Bottes de sept lieues.
110	Amicis (De).	Grands Cœurs.
120	Andersen.	Contes.
121	Id.	Contes.
122	Id.	Rien qu'un Violoneux.
205	Arzano.	Le Petit Acrobate.
208	Assolant.	Pendragon.
320	Balzac (H. de).	Pierrette.
373	Beissier, F.	Les Mémoires d'un Moineau.
376	Bellier (Mme).	Comédies Enfantines et Saynètes.
484	Bessonnet-Favre.	Février 1848.
560	Bodin, M.	Contes Bleus et Roses.
592	Bombonel.	Bombonnel, le Tueur de Panthères.
636	Bouchor, Maurice.	Théâtre du Petit Chaperon Rouge.
637	Id.	Contes (3 vol.).
638	Id.	Cinq Pièces en un acte.
687	Boussenard, L.	Le Sultan de Bornéo.
688	Id.	10.000 ans dans un Bloc de Glace.
689	Id.	Chasseurs Canadiens.
690	Id.	Aventures d'un Héritier à travers le Monde.
691	Id.	2.000 Lieues à travers l'Amérique du Sud.
720	Burnett.	Le Petit Lord.
778	Collodi, C.	Les Aventures de Pinokio.
783	Candiani, R.	Au Clair de la Lune...
850	Cervantès.	Don Quichotte de la Manche.
855	Chabrier-Rieder.	Fils de Veuve.
940	Christophe.	La Famille Fenouillard.
941	Id.	Camember.
955	Clar, F.	Les Mains enchantées.
1005	Collomb, J.	Aventures de Trottino.
1006	Id.	Contes qui finissent bien.
1007	Id.	Contes aux Enfants sages.
1008	Id.	Le Pauvre François.
1009	Id.	Histoires de Bêtes.
1010	Id.	Une Nichée de Pinsons.
1011	Id.	Les Filles du Fermier.

Nos d'ordre	AUTEURS	TITRES DES OUVRAGES
1024	CONAN DOYLE.	La Bande mouchetée.
1056	COOPER, Fenimore.	La Pupille de Vēnise.
1085	COSTER.	La Légende d'Ulenspiegel (2 vol.).
1120	CREVELIER, J.	Le Mouchoir du Capitaine Villeneuve.
1125	CROIK (Mrs).	Amour de Mère.
1230	DEBANS, C.	L'Aventurier malgré lui.
1260	DELON.	Idylles Enfantines.
1261	Id.	Les Paysans.
1375	D'OMBRE, Roger.	La Peau de l'Ours.
1376	Id.	Un Sauveteur inattendu.
1377	Id.	Le Petit Grand et le Grand Petit.
1440	DUMAS, A.	Le Capitaine Pamphile.
1477	P. D.	Histoire de deux Enfants de Londres.
1487	EIDENSCHENK-PATIN.	Les premières Lectures des petites Filles.
1590	EWALD, Carl.	La Reine des Abeilles.
1680	FÉVAL, P.	Les Merveilles du Mont Saint-Michel.
1734	FOE (De).	Robinson Crusoé.
1767	FRANAY, G.	Mémoires de Primevère.
1796	FRANCE, A.	Filles et Garçons.
1797	Id.	Nos Enfants.
1892	GASSIES DES BRULIES	La Farce du Pâté et de la Farce.
1893	Id.	La Farce du Cuvier.
1930	GAUTHIER, J.	Mémoires d'un Eléphant blanc.
1997	GIRARDIN.	Paulette.
1998	Id.	Un peu partout.
1999	Id.	Têtes sages et Têtes folles.
2000	Id.	La Disparition du Grand-Krause.
2001	Id.	Le Rêve de Françoise.
2002	Id.	A qui la faute ?
2003	Id.	Chacun son Idée.
2004	Id.	Le Capitaine Bassinoire.
2092	GREEN.	La Jaquette déchirée.
2093	Id.	L'Enfant Millionnaire.
2109	GUÉCHOT.	Le bon Géant Gargantua.
2110	Id.	Passe-Partout et l'Affamé.
2111	Id.	Le Chevalier Carême.
2181	HALT, M.-R.	Jacques la Chance et Jean la Guigne.
2325	IRVING, W.	Contes de l'Alhambra.
2357	JACOLLOT, L.	Voyage au Pays mystérieux.
2362	JACQUELINE, A.	
2367	JACQUIN, J.	Le Chien de Serlock Kolmès.
2388	JARRY, J.	Historiettes pour Pierre et Paul.
2390	JAUBERT, E.	Contes Populaires Russes.
2404	JAQUIN.	Pif-Paf.
2419	JEANKOY.	L'Enfant des Fées.
2421	JEAN-JAVAL, L.	La Quenouille du Bonheur.
2422	Id.	Marshon et le Père Papyrus.

Nos d'ordre	AUTEURS	TITRES DES OUVRAGES
2424	JÉRÔME, K.	Mes Enfants et Moi.
2506	KINGSLEY, C.	Les Enfants de la Mer.
2511	KIPLING, R.	Histoires comme ça.
2568	LAGERLOF.	Le merveilleux Voyage de Nils Holgerson.
2569	Id.	Le Livre des Légendes.
2570	Id.	Le Charretier de la Mort.
2619	LA NOET (De).	Le Secret de l'Email.
2635	LAUBOT.	Sur la Jetée.
2707	LEGOUVÉ.	Nos Filles et nos Fils.
2732	LE MORIEL, E.	Dibidoub l'Ambitieux.
2740	MACHARD, A.	Poucette.
2915	MAC ORLAN.	Le Chant de l'Equipage.
2936	MAEL, P.	Le Trésor de Madeleine.
2937	Id.	La Marmotte.
2938	Id.	Au Pays du Mystère.
2939	Id.	Poucette, Princesse Rosalba, etc...
2940	MAEL, Fred.	L'Ile qui parle.
2969	MAGNIN.	La Bique en apprentissage.
2970	Id.	Histoire de la Bique.
3007	MALOT, H.	Sans Famille (2 vol.).
3010	Id.	Marichette (2 vol.).
3012	Id.	La Petite Sœur (2 vol.).
3013	Id.	En Famille (2 vol.).
3014	Id.	Romain Kalbris.
3122	MASSON.	Rêve de Noël.
3198	MAYNE-REID.	Les Chasseurs de Girafes.
3199	Id.	Les Grimpeurs de Rochers.
3200	Id.	Les Exilés dans la Forêt.
3201	Id.	Les Robinsons de Terre Ferme.
3202	Id.	L'Habitation du Désert.
3203	Id.	Le Chasseur de Plantes.
3234	MÉRIMÉE, P.	Les Faux Démétrius.
3235	Id.	Colomba.
3323	MOMET.	Les Oies de Jeannette.
3367	MOREAU-VAUTIER.	Ali-Baba (adaptation).
3368	Id.	Aladin ou la Lampe merveilleuse.
3554	PARMENTIER, A.	Les Jeux et les Jouets.
3571	PASCAL, E.	Robert le Diable et Compagnie.
3625	PELTIER.	Contes amusants.
3626	Id.	Id.
3646	PÉRINAUX.	La Légende des Sept Dormants.
3681	PERRAULT.	Contes de Fées.
3676	X.	Les Petits Bonshommes.
3677	X.	Id.
3678	X.	Id.
3679	X.	Id.
3680	X.	Id.

Nos d'ordre	AUTEURS	TITRES DES OUVRAGES
3734	POE, Edgar.	Les Aventures d'Arthur Gordon Pym de Nantucket.
4043	ROBIDA.	La Bête au Bois Dormant.
4044	Id.	Moulin Fliquette.
4125	ROSNY.	La Leçon de la Vie.
4210	SAINTINE.	Picciola.
4240	SANDBURG.	Au Pays de Routabaga.
4245	SANDEAU.	La Roche aux Mouettes.
4307	SCOTT, W.	Quentin-Durward.
4308	Id.	Rob-Roy.
4313	SIVETZ, J.	Les Pirates du Lac Melar.
4319	SÉGUR (De).	Mémoires d'un Ane.
4446	STAHL.	Les Patins d'Argent.
4447	Id.	Maroussia.
4448	Id.	Les Quatre Filles du Docteur Marsch.
4449	Id.	Histoire d'un Ane et de 2 Jeunes Filles.
4457	STÉVENSON.	L'Ile au Trésor.
4467	STOLZ (De).	La Famille Coquelicot.
4568	THÉBAULT.	Les Robinsons de la Somme.
4601	THIVARS.	Toinette Brancajour.
4611	THOMAS.	Ker-Fleury.
4662	TOM TIT.	La Science amusante (3 vol.).
4663	Id.	La Récréation en Famille.
4668	TOUDOUZE.	Le Mystère de la Chauve-Souris.
4669	Id.	Reine en Sabots.
4670	Id.	La Sorcière du Vésuve.
4710	TOURGUENIEFF, I.	Récit d'un Chasseur.
4729	URGEL (Y. d').	Le Caillou Rouge.
4811	VERNE, J.	Vingt mille Lieues sous les Mers.
4812	Id.	Les Voyages du XIXe Siècle.
4813	Id.	Les Millions de la Bégum.
4814	Id.	Les Enfants du Capitaine Grant (3 vol.).
4815	Id.	L'Ile Mystérieuse (2 vol.).
4816	Id.	Robur le Conquérant.
4817	Id.	Cinq Semaines en Ballon.
4818	Id.	Voyage au Centre de la Terre.
4819	Id.	Mathias Sandorf (2 vol.).
4820	Id.	Un Drame en Livonie.
4821	Id.	Le Chancellor Martin Paz.
4822	Id.	Michel Strogoff (2 vol.).
4823	Id.	Le Docteur Ox.
4824	Id.	L'Archipel en feu.
4825	Id.	De la Terre à la Lune.
4826	Id.	Autour de la Lune.
4827	Id.	La Chasse au Météore.
4832	VERNET, Mad.	La Fille du Diable.
4833	Id.	Contes à Hélène.
4840	WITT (Mme de).	Amour de Mère.

Science — Technique — Industrie — Médecine

N°s d'ordre	AUTEURS	TITRES DES OUVRAGES
15	ACHALME (Dr P.).	L'Erysipèle.
189	ARIÈS.	Œuvre Scientifique de Sadi Carnot.
197	ARNOULT.	Eclosion et Elevage artificiels.
225	ARDOYER.	Œuvre Scientifique de Laplace.
303	BARBIER (Dr H.).	La Rougeole.
327	BARET, A.	Deuxième année d'Anglais.
366	BEAUTIER, A.	La Flore Parisienne.
489	COUSTET, E.	Le Cinéma (Biblioth. des Merveilles).
490	JOUBIER, L.	Le Fond de la Mer Id.
491	FOURNIER, L.	Les Grand Travaux Id.
492	KIGER, A.	L'Atmosphère Id.
493	CAUSTIER, E.	Les Insectes Id.
502	BINET-SANGLÉ (De).	Le Haras Humain.
570	BOIS, D.	Les Végétaux.
651	BOULLOCHE, P.	Les Angines.
697	BOUVIER, E.-L.	Habitudes et Métamorphoses des Insectes.
762	LES CAHIERS.	Cinéma.
780	CARRÉ, F.	Initiation à la Physique.
880	CHARCOT, J.	Autour du Pôle Sud (2 vol.).
925	CHEVREUIL, L.	On ne Meurt pas.
926	Id.	Id.
967	LAROQUE, C.	Art de Construire.
1030	CONKLIN, E.-S.	L'Hérédité et le Milieu.
1110	COURTET, E.	La Téléphonie sans Fil.
1112	COUSIN-DESPRÉAUX,	Les Leçons de la Nature.
1190	DARWIN, Ch.	L'Origine des Espèces.
1277	DERENNES, Ch.	Vie de Griffon.
1278	Id.	La Chauve-Souris.
1492	EISENMENGER.	La Géologie.
1493	Id.	La Physique.
1526	Encyclopédie par l'Image.	Le Ciel.
1525	Id.	Histoire du Costume.
1527	Id.	Molière.
1528	Id.	Les Races Humaines.
1529	Id.	Histoire de l'Art.
1530	Id.	Napoléon.
1531	Id.	Jeanne d'Arc.
1532	Id.	Le Cinéma.
1533	Id.	Les Animaux.
1534	Id.	La Révolution Française.
1535	Id.	Paris.
1536	Id.	La Mythologie.

N°s d'ordre	AUTEURS	TITRES DES OUVRAGES
1565	ESCARD, Jean.	Les Pierres Précieuses.
1613	FABRE, G.-H.	Le Ravageur.
1614	Id.	Les Auxiliaires.
1615	Id.	Instinct des Insectes.
1650	FAURE (Mme Ch.).	La Cuisine Hygiénique.
1686	FIGUIER, Louis.	La Science Illustrée (10 vol.).
1687	Id.	Les Mystères de la Science.
1702	FLAMMARION, C.	Promenade dans les Etoiles.
1703	Id.	Les Merveilles Célestes.
1704	Id.	Récits de l'Infini.
1705	Id.	Avant la Mort.
1706	Id.	Autour de la Mort.
1707	Id.	Après la Mort.
1708	Id.	Initiation Astronomique.
1709	Id.	Stella.
1710	Id.	Uranie.
1744	FOUCAULT, M.	Le Rêve.
1808	FRANCHE, G.	Manuel de l'Ouvrier Mécanicien.
1827	FRIEDEL, J.	Personnalité Biologique de l'Homme.
1857	GAILLARD (Dr L.).	Le Choléra.
2073	GRANDMAISON (D^r).	La Variole.
2121	GUICHARD, Jean.	Le Mensonge de la Résurrection de Jésus.
2126	GUILLAUME, Ch.	Initiation à la Mécanique.
2138	GUILLERMIN (D^r).	Les Nerfs et leur hygiène.
2437	JOLEAUD, L.	Eléments de Paléontologie.
2586	LALANDE.	Philosophie des Sciences.
2641	LAUGHIN.	Première Année d'Anglais.
2655	Laveran et Blanchard.	Les Hématozoaires (2 vol.).
2666	LE BON (G.).	L'Evolution de la Matière.
2687	LE DANTEC.	Les Influences Ancestrales.
2712	LEGRAND (D^r).	L'Estomac.
2891	LUMET, L.	L'Art pour tous.
2901	MACÉ, Jean.	Histoire d'une Bouchée de Pain.
2945	MÆTERLINCK.	L'Intelligence des Fleurs.
2948	Id.	La Vie des Abeilles.
3052	MARCHIS, L.	Le Froid industriel.
3137	MAUCLAIRE (D^r).	Les Angiomes.
3222	MÉRAT, F.	Flore des environs de Paris (2 vol.).
3240	FÉLICE (Roger de).	Le Meuble français : Du Moyen-Age au Louis XIII.
3241	Id.	Id. Sous Louis XIV et la Régence.
3242	Id.	Id. Sous Louis XV.
3243	Id.	Id. Sous Louis XVI et l'Empire.
3244	MOUSSINAC.	Id. moderne.
3245	BLACKE.	Le Meuble anglais : Période de Chippendale.

N°s d'ordre	AUTEURS	TITRES DES OUVRAGES
3246	Reveirs Ophias.	Le Meuble anglais : Période Shératon.
3251	Meunier, S.	Les Glacières.
3256	Michelet, J.	La Montagne.
3258	Id.	L'Oiseau.
3264	Id.	L'Insecte.
3265	Id.	La Mer.
3267	Michelet (Mme J.).	Les Chats.
3272	Millaud, R.	La Photographie.
3289	Millet, J.-Paul.	La Dégénérescence bachique et la Névrose religieuse dans l'Antiquité.
3313	Moch, G.	Initiation aux théories d'Einstein.
3402	Muller, J.-P.	Mon Système.
3403	Id.	Mon Système pour les Femmes.
3404	Id.	Mon Système pour les Enfants.
3561	Parmat, E.	Le Jardin pour tous.
3586	Pécaut et Baude.	L'Art.
3716	Pinard (Dr).	La Puériculture.
3762	Poincaré, L.	L'Electricité.
4014	Richardière (Dr).	La Coqueluche.
4020	Richet, Ch.	L'Œuvre de Pasteur.
4165	Roullier-Arnoult.	Incubation et Elevage.
4180	Rousselon.	Le Jardinier pratique.
4185	Royer, Clarence.	Histoire du Ciel.
4190	Snider, A.	La Création et ses Mystères dévoilés.
4734	Vachet (Dr P.).	La Pensée qui guérit.
4735	Id.	L'Inquiétude sexuelle.
4738	Vaschide.	Le Sommeil et les Rêves.
4749	Vallery-Radot.	La Vie de Pasteur.
4978	Zamenhof.	Fundamento de Espéranto.

Sociologie — Socialisme — Philosophie

Nos d'ordre	AUTEURS	TITRES DES OUVRAGES
1	ABENSOUR, L.	Histoire générale du Féminisme.
90	ALAIN.	Propos sur le Christianisme.
91	Id.	Les Cent un Propos.
92	Id.	Le Citoyen contre les Pouvoirs.
126	ANDLER, Ch.	Le Manifeste Communiste.
137	ANGELL, N.	La Grande Illusion.
138	Id.	Le Chaos Européen.
139	Id.	Les Illusions de la Victoire.
166	ANTONELLI.	La Russie Bolchevique.
228	AUGÉ.	La Politique Républicaine.
245	AVENEL (D').	Paysans et Ouvriers depuis 700 Ans.
275	BAKOUNINE.	Œuvres.
295	BANCEL.	Le Coopératisme.
370	BEBEL.	La Femme et le Socialisme.
383	BENDA.	Le Bergsonisme.
384	Id.	Une Philosophie Pathétique.
415	BÉRARD, V.	L'Eternelle Allemagne.
426	BÉRAUD.	Ce que j'ai vu à Moscou.
435	BÉRENGER.	La Conscience Nationale.
455	BERNSTEIN.	F. Lassalle, le Réformateur social.
522	BLASCO IBANEZ.	Alphonse XIII démasqué.
550	BLUM, L.	Du Mariage.
576	BOITEL, J.	Manuel élémentaire de Droit Commercial.
745	BUISSON.	Le Parti Socialiste et les Syndicats.
750	B. I. T.	Enquête sur la Production (8 vol.).
751	Id.	L'Assurance : Maladie.
752	Id.	Les Problèmes généraux de l'Assurance Sociale.
753	Id.	Conditions du travail dans la Russie des Soviets.
754	Id.	Réparation des Maladies Professionnelles.
755	Id.	Recherches sur l'Aptitude de Dactylographique.
756	Id.	La Profession de Dactylographe.
757	Id.	L'Organisation Internationale du Travail et les Assurances Sociales.
758	Id.	La Coopération dans la Russie des Soviets.
763	CAILLAUX, J.	Ma Doctrine,

N°s d'ordre	AUTEURS	TITRES DES OUVRAGES
788	HERMAN.	Caractères de ce temps : Le Bourgeois.
789	BARTHOU, L.	Id. Le Politique.
790	RICHET, Ch.	Id. Le Savant.
815	C. Fernand.	L'Art de parler en public.
835	CARTAULT, A.	L'Intellectuel.
860	CHAMFORT.	Produits de la Civilisation.
902	CHATEAUBRIANT.	Génie du Christianisme.
905	CHAUSSIN, L.	Le Bénitier d'Argent.
915	CHESTOV, L.	Sur les Confins de la Vie.
970	GLEMENCEAU, G.	Aux Embuscades de la Vie.
971	Id.	La Mêlée Sociale.
975	CLUSERET.	Armée et Démocratie.
1040	CONSCIENCE, H.	Le Mal du Siècle.
1042	CONSIDÉRANT, V.	Le Socialisme devant le Vieux Monde.
1050	CONTANT, A.	Les Sociétés de Patronage.
1095	COURBETAIN.	Pédagogie Sportive.
1176	DARIEN, G.	La Belle-France.
1225	DAZET, G.	Lois Collectivistes.
1242	DELAISI, F.	Le Pétrole.
1247	Id.	Histoire du Socialisme et de la Coopération dans le centre de la Belgique.
1305	DESACHY, P.	La France Noire.
1330	DESLINIÈRES, L.	Pour abolir la Souffrance humaine.
1352	DIDEROT.	Œuvres choisies.
1457	DURKHEIM, E.	De la Division du Travail social.
1508	EMERSON.	Les Forces éternelles.
1513	RAPPOPORT, Ch.	La Révolution Sociale.
1514	Id.	Pourquoi nous sommes Socialistes.
1515	BRIZON, P.	La Coopération.
1516	ROUGER, Hubert.	La France Socialiste (3 vol.).
1517	SEVERAC, J.-B.	Le Mouvement Syndicaliste.
1518	LOUIS, P.	Le Parti Socialiste en France.
1519	LONGUET, J.	Le Mouvement Socialiste International.
1520	C. Rappoport et Compère-Morel	Origines, Doctrines et Méthodes Socialistes.
1545	ENGELS, F.	Philosophie, Economie politique, Socialisme.
1630	FAGUET, E.	L'Anticléricalisme.
1651	FAURE, Sébastien.	La Douleur universelle.
1690	FINOT, J.	Le Préjugé des Races.
1683	FISINGER.	Les Villes éducatrices.
1754	FOURRIER, Ch.	De la Sérisophie.
1755	Id.	Manuscrits.
1760	FOURNIÈRE, Eug.	L'Ame de demain.
1761	Id.	Essai sur l'Individualisme.
1762	Id.	La Sociocratie.
1849	Fustel de Coulange.	La Cité Antique.
1990	GIDE, Charles.	Premières notions d'Economie Politique.

Nos d'ordre	AUTEURS	TITRES DES OUVRAGES
1991	GIDE, Charles.	Principes d'Economie Politique.
1992	Id.	Les Sociétés Coopératives de Consommation.
2068	Gouttenoire de Toury.	Jaurès et le Parti de la Guerre.
2084	GRAVE, J.	La Société mourante et l'Anarchie.
2085	Id.	L'Individu et la Société.
2086	Id.	La Société future.
2116	GUESDE, J.	Çà et là.
2237	HAUSER, H.	Ouvriers du temps passé.
2264	HERMITTE, J.	Le Régime direct.
2393	JAURÈS, Jean.	Pages choisies.
2396	Id.	L'Armée nouvelle.
2399	Id.	Le Procès de l'Assasssin de Jaurès.
2409	HÉLAN, J.	Les Etapes de l'Histoire.
2448	JOUHAUX, L.	Le Syndicalisme et la C. G. T.
2453	JOSEPH, H.	Testament Politique (2 vol.).
2472	KANT.	Critique de la raison pure (2 vol.).
2488	KAUTSKY, Karl.	Terrorisme et Communisme.
2489	Id.	Comment s'est déclanchée la Guerre mondiale.
2494	KRELINGER, R.	L'Evolution Religieuse de l'Humanité.
2500	KERN, O.	Sous Lénine.
2530	KROPOTKINE.	Champs, Usines et Ateliers.
2532	Id.	L'Entr'aide.
2533	Id.	La Conquête du Pain.
2551	LAFARGUE, P.	Le Déterminisme Economique de K. Marx.
2639	LANFREY, P.	Les Lettres d'Everard.
2665	LE BON, G.	Psychologie de l'Education.
2667	Id.	Enseignement Psychologique de la Guerre Européenne.
2771	LÉON, R.-G.	Initiation Financière.
2775	LÉVY-BRUHL, L.	Quelques pages sur J. Jaurès.
2784	LHERMITTE, G.	Le Sabre et la Loi.
2789	LONDRES, A.	Le Chemin de Buenos-Aires (La Traite des Blanches).
2835	LONGUET, J.	La Politique Internationale du Marxisme.
2871	LORRIS et GRADOS.	Petit-Pierre sera Socialiste.
2876	LOUIS, P.	Histoire du Socialisme en France.
2877	Id.	La Guerre Economique.
2878	Id.	Histoire du Mouvement Syndical en France.
2879	Id.	Histoire du Parti Socialiste en France.
2946	MÆTERLINCK.	La Mort.
2947	Id.	Le Trésor des Humbles.
2949	Id.	La Sagesse et la Destinée.

N° d'ordre	AUTEURS	TITRES DES OUVRAGES
—	—	—
2954	MÆTERLINCK.	Le Grand Secret.
3002	MALON, B.	Socialisme intégral (2 vol.).
3030	MANGASARIAN.	Le Monde sans Dieu.
3101	MARX, Karl.	Le Capital (Résumé).
3102	Id.	Salaires, Prix, Profits.
3103	Id.	Le Capital (8 vol.).
3104	Id.	Histoire des Doctrines économiques (8 vol.).
3105	Id.	Herr Vogt.
3107	MARX et ENGELS.	Le Manifeste Communiste.
3117	MASSÉ, D.	Initiation Juridique.
3192	MAURRAS.	L'Avenir de l'Intelligence.
3257	MICHELET.	Le Peuple.
3262	Id.	Bible de l'Humanité.
3263	Id.	Le Banquet (papiers intimes).
3274	MILHAUD, E.	Du droit de la Force à la force du Droit.
3275	Id.	Le rachat des Chemins de fer.
3276	Id.	La Marche au Socialisme.
3277	Id.	La Société des Nations.
3278	Id.	La Démocratie Socialiste Allemande.
3328	MONTAIGNE.	Essais (2 vol.).
3343	MONTESQUIEU.	Lettres Persanes.
3428	NAQUET, A.	L'Humanité et la Patrie.
3443	Mme Necker de Saussure.	L'Education progressive.
3460	NEUBERGE, L.	La Mort dévoilée en trois leçons.
3480	NIETZCHE.	Pages choisies.
3576	PATAUD et POUGET.	Comment nous ferons la Révolution.
3619	PELLOUTIER, F. et M.	La Vie Ouvrière en France.
3620	PELLOUTIER, F.	Histoire des Bourses du Travail.
3695	PEYRONNET, A.	Le Ministère du Travail.
3705	PICARD, Roger.	Le Contrôle ouvrier sur la gestion des entreprises.
3749	POISSON, E.	Socialisme et Coopération.
3767	WEBB, Potter.	La Coopérative en Grande-Bretagne.
3801	PROUDHON.	Abrégé de ses œuvres.
3802	Id.	Du Principe fédératif.
3803	Id.	La Guerre et la Paix.
3883	RAPPOPORT.	Jean Jaurès.
3893	RAVIART, E.	Comment on devient un homme d'action.
3913	RECLUS, E.	Evolution et Révolution.
3914	Id.	La Commune.
3920	REGNAULT.	La Province.
4190	SADOUL, J.	La Révolution Bolchévique.
4195	SAINTE-BEUVE.	Proudhon.
4205	SAINT-SIMON, H.	Science de l'Homme. Gravitation universelle.

N^os d'ordre	AUTEURS	TITRES DES OUVRAGES
4250	SEMBAT, M.	La Victoire en déroute.
4314	Schefer et Mlle Rhein.	Economie domestique.
4386	SIXTE-QUENIN.	Le Cléricalisme et la Guerre.
4402	SOREL G.	Réflexions sur la Violence.
4417	SOULÉ.	La Vie de Jaurès.
4439	SPINOZA.	Ethique.
4517	TAINE, H.	Philosophie de l'Art en Grèce.
4522	TARBOURIECH, E.	La Propriété.
4606	THOMAS, Albert.	Histoire anecdotique du Travail.
4674	TOULOUSE (D^r).	La Question Sociale.
4688	TRARIEUX, G.	Les Petites Provinciales.
4703	TROTZKY.	1905.
4704	Id.	Terrorisme et Communisme.
4744	VAILLANT-COUTURIER	Un mois dans Moscou-la-Rouge.
4774	VANDERVELDE.	Le Collectivisme.
4775	Id.	Trois aspects de la Révolution Russe.
4797	VÉRECQUE, Ch.	Dictionnaire du Socialisme.
4838	VIARDOT, L.	Libre Examen.
4884	SIDNEY et WEBB.	Histoire du Trade-Unionisme.
4890	WEILL, G.	Histoire du Mouvement Social en France (1852-1902).
4856	WILSON, W.	La nouvelle Liberté.
4972	X.	Pendant la Guerre : Le P. S., la Guerre et la Paix.
4973	X.	La Libre Pensée.
4975	X.	Guerre, Militarisme.
4977	X.	Pour l'Armée Républicaine.

Histoire — Géographie

Nos d'ordre	AUTEURS	TITRES DES OUVRAGES
233	AULARD, A.	Histoire politique de la Révolution Française.
322	BARCLAY.	Le Président Wilson.
342	BASLY, E.	Le Martyre de Lens.
350	BATHILD, M.	Les Marins Français.
408	BENOÎT, D.-P.	Histoire de l'Abbaye de Saint-Claude (2 vol.).
446	BERNARD, J.	Histoire anecdotique de la Révolution Française.
450	Saint-Pierre (B. de).	Voyage à l'Ile-de-France (2 vol.).
465	BERTRAND, L.	Saint Augustin.
497	BIENSTOCK.	Raspoutine.
515	BLANC, Louis.	La Révolution Française.
516	Id.	Histoire de 10 ans (1830-1840) (5 vol.).
	BROUSSON.	Anatole France en pantoufles.
767	CAILLAUX.	Mes Prisons.
890	CHASSIN.	L'Eglise et les derniers Serfs.
901	CHATEAUBRIAND.	Mémoires d'Outre-Tombe.
935	CHRISTIN.	Dissertation sur l'Abbaye de Saint-Claude.
980	CLADEL, Judith.	Mademoiselle de la Vallière.
1120	DAUDET, L.	Le Pape et l'Action Française.
1195	DREYFUS, R.	Quarante-huit.
1310	DESANE et MÉRIGA.	Vie de Jaurès.
1325	DESCHANEL, P.	Gambetta.
1357	DI PIETRO.	Voyage en Egypte.
1403	DROZ, E.	P.-J. Proudhon.
1551	ENGERAND, F.	Le Secret de la Frontière-Charleroi.
1631	FAGUET, E.	XVIIIe Siècle.
1632	Id.	XVIIe Siècle.
1656	FEBVRE.	Histoire de Franche-Comté.
1665	Perroul-Montgaillard.	Histoire de l'Abbaye de Saint-Claude (2 vol.).
1670	FERRY, Abel.	La Guerre vue d'en bas et d'en haut.
1729	FLOURENS, G.	Paris livré.
1825	FREYCINET (De).	Souvenirs (1848-1893) (2 vol.).
1843	FUNCK-BRENTANO.	L'Histoire de France (5 vol.).
1844	Id.	Le Règne de Robespierre.
1935	GAZIER.	La Franche-Comté.
2176	HALÉVY, D.	La Jeunesse de Proudhon.
2250	HENRI-ROBERT.	Les grands Procès de l'Histoire (2 vol.).

Nos d'ordre	AUTEURS	TITRES DES OUVRAGES
2258	HERVÉ, G.	Mes Crimes.
2259	Id.	Histoire de France.
2285	HOUTIN, A.	Courte Histoire du Christianisme.
2286	Id.	Une Vie de Prêtre.
2394	JAURÈS, J.	Histoire Socialiste (8 vol.).
2395	Id.	Bonaparte (brochure).
2429	JOANNE, P.	Géographie de l'Ain.
2640	LANFREY.	Etude et Portraits politiques.
2660	LAVIGNE, E.	Introduction à l'Histoire du Nihilisme russe.
2755	LEROY, M.	La Vie véritable du Comte de Saint-Simon.
2775	LÉVY, A.	Napoléon et la Paix.
2776	Id.	Napoléon intime.
2800	LISSAGARAY.	Histoire de la Commune de 1871.
2815	LOMBARD, J.	Un Volontaire de 1792.
2896	LYONNET, A.	Le département du Jura.
3019	MALVY.	Mon Crime.
3047	MARCHAND, R.	Le Livre noir (2 vol.).
3062	MARGUERITTE, V.	Au bord du Gouffre.
3063	Id.	Les Criminels.
3084	MARMANDE.	L'Intrigue Florentine.
3089	MARTIN, H.	Histoire de France (7 vol.).
3127	MATHIEZ, A.	Etudes Robespierristes.
3128	Id.	Etudes Robespierristes : La Conspiration de l'Etranger.
3212	MÉNARD, L.	Prologue d'une Révolution (Février-Juin 1848).
3259	MICHELET, J.	Histoire de France (4 vol.).
3260	Id.	Histoire de la Révolution (3 vol.).
3261	Id.	Histoire du XIXe Siècle (3 vol.).
3266	MICHELET (Mme J.).	Quand j'étais petite.
3268	Id.	Mémoires d'une Enfant.
3273	MILHAUD, A.	Histoire Contemporaine (de 1815 à nos jours).
3383	MORIZET.	Le Plan 17.
3384	Id.	Chez Lénine et Trotsky.
3397	MOUTON-COLONEL.	La Transportation en Afrique.
3444	NECKER, M.	Histoire de la Révolution Française (4 vol.).
3449	NERVAL (G. de).	Souvenirs d'Allemagne.
3491	NOEL, O.	Etude historique sur l'Organisation financière de la France.
3549	PALÉOLOGUE.	La Russie des Tsars (3 vol.).
3614	PELLETAN, C.	La Semaine de Mai.
3631	PERCIN.	Lille.
3632	Id.	1914.
3633	Id.	Lille.

N°s d'ordre	AUTEURS	TITRES DES OUVRAGES
3666	PERRIN, J.-B.	Notes historiques sur le Jura (2 vol.).
3690	PEVET, A.	Les Responsables de la Guerre.
3710	PIERREFEU (J. de).	L'Anti- Plutarque.
3711	Id.	Plutarque a menti.
3826	QUENTIN-BOUCHART.	La Crise sociale de 1848.
3837	QUINET, E.	La Révolution (2 vol.).
3864	RAMBAUD, A.	La France Coloniale.
3888	RATHENAU.	Le Kaiser.
3898	RÉAU, R.-G.	Les Crimes des Conseils de Guerre.
3914	RECLUS, E.	L'Homme et la Terre (5 vol.).
3915	RECLUS, O.	La Terre à vol d'oiseau (2 vol.).
3941	REINACH, S.	Apollo.
3942	Id.	Orphéus. Histoire générale des Religions.
3947	RENAN, E.	Souvenirs d'Enfance et de Jeunesse.
3948	Id.	Id.
3949	Id.	Jésus.
4019	RICHET, Ch.	Initiation à l'Histoire de la France.
4027	RIVET, Ch.	Le dernier Romanof.
4097	ROMAIN-ROLLAND.	Mahatma Gandhi.
4099	Id.	Les Précurseurs.
4500	SUTER, A.	« J'accuse », par un Allemand.
4516	TAINE.	La Révolution.
4527	Torrida del Marmal.	Les Inquisiteurs d'Espagne.
4714	TUROT, H.	Indo-Chine, Philippines, Chine, Japon (Voyage).
4750	VIOLLIS, A.	Seule en Russie.
4874	VOSGIERS.	Dictionnaire Géographique.
4974	X.	Histoire de Napoléon.
4975	X.	Les Coulisses du Boulangisme.
4976	X.	La Carte au liseré vert.

www.ingramcontent.com/pod-product-compliance
Ingram Content Group UK Ltd.
Pitfield, Milton Keynes, MK11 3LW, UK
UKHW031950260826
14628UKWH00004B/1963

9 782329 038841